一个大使的成长与思考

——半个世纪的外交岁月

王嵎生　著

世界知识出版社

图书在版编目（CIP）数据

一个大使的成长与思考：半个世纪的外交岁月 / 王嵎生著.
—北京：世界知识出版社，2009.10

ISBN 978-7-5012-3656-5

Ⅰ.一… Ⅱ.王… Ⅲ.①王嵎生—回忆录②国际问题—文集 Ⅳ.K827=7 D815-53

中国版本图书馆CIP数据核字（2009）第180837号

责任编辑 沈中明
封面设计 沈中明 远 望
责任校对 张 琨
责任出版 林 琦 刘 喆

书 名 一个大使的成长与思考
——半个世纪的外交岁月
Yige Dashi de Chengzhang yu Sikao
—Bange Shiji de Waijiao Suiyue

作 者 王嵎生

出版发行 世界知识出版社
地址邮编 北京市东城区干面胡同51号（100010）
网 址 www.wap1934.com
经 销 新华书店
印 刷 世界知识印刷厂
开本印张 720×1020毫米 1/16 18½印张 4插页
字 数 219千字
版次印次 2009年10月第一版 2009年10月第一次印刷
标准书号 ISBN 978-7-5012-3656-5
定 价 30.00元

学生时代的作者。

初次任驻外大使时的作者。

陈依弥参加第二次日内瓦会议归来后在锡兰茶园与作者合影。（1961年10月）

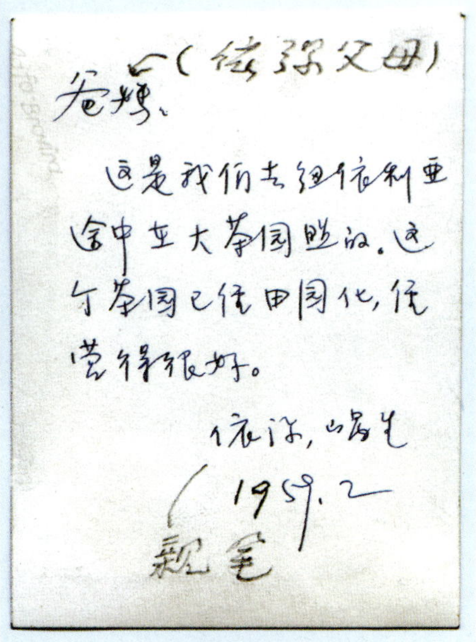

爸妈：（依弥父母）

这是我们去纽依利亚途中在大茶园照的。这个茶园已经田园化，经营得很好。

依弥，嵋生

1959.2

亲笔

陈依弥手迹：“爸妈：这是我们去纽依利亚途中在大茶园照的。这个茶园已经田园化，经营得很好。依弥，嵋生 1959.2”

1959年2月，作者与陈依弥合影。

2009年3月17日，作者的长子一家从遥远的异国他乡祝贺作者八十岁生日。图为儿媳乔晋汾画的《寿桃图》。

作者出任中国驻尼日利亚大使，途经瑞士与夫人杨帆合影。（1985年4月）

作者夫妇身穿尼日利亚民族服装——“准备告别这个国家了，留个纪念。”（1988年3月）

1989年11月8日，作者在“度假访问”巴拿马期间向诺列加将军赠送礼品。

作者同哥伦比亚青年学生联欢时合影。（1990年）

哥伦比亚总统加维里亚夫妇同作者和夫人杨帆合影。（1991年）

1993年APEC领导人非正式会议前，各成员的高官们合影。前排左四是作者。

1996年2月，菲律宾总统拉莫斯在马尼拉会见APEC高官会成员。左三是作者。

1996年9月应斯里兰卡总统库马拉通加邀请，作者到斯里兰卡度假访问。9月8日中午库马拉通加总统在总统府与作者会见。

2006年5月20日，作者（前排左六）出席“第五届外交学学科建设暨中国外交战略学术研讨会”时的合影。

2008年10月28日，作者（前排左六）在辽宁大学出席“2008东北亚发展论坛”时的合影。

开 篇

（代自序）

我从事外交50年，有些什么愿望和追求？是什么精神在支撑着我？

我就把对这一问题的回答作为本书的开篇吧。这实际上也是本书的自序。

“月有阴晴圆缺，人有悲欢离合。”这是客观的规律，是任何人一生中不可避免的事。问题在于哪一方面是主要的，而且更重要的是，由于人生观和社会环境的不同，人们对什么是欢乐、什么是悲伤，理解和体会也是不一样的。

人们可能要问，那你这一生怎么样？我从一个地主家庭的儿子，逐步转变成长，成为新中国的外交官，最后当了国家的驻外代表，这艰苦的历程是可想而知的。那么什么是主要方面呢？酸甜苦辣，欢乐与悲伤，可以说：“剪不断，理还乱。”但奋进精神始终留在我的心头。不停的奋进，不断给我带来欢乐与快慰，使我几乎可以忘却一切悲伤和忧愁，至少可以暂把这一切抛在一边。

我不是完人，更不是圣人，只不过是个凡人，但我愿做一个“不寻常的凡人”。

所谓“不寻常”，就是奥斯特洛夫斯基的名著《钢铁是怎样炼成的》一书中主角保尔·柯察金所说的：“人最宝贵的是生命，生命对于我们只有一次。一个人的生命应该是这样度过的：当他回首往事时，不因虚度年华而悔恨，也不因碌碌无为而羞耻。这样，在他临死的时候就可以说：我整个的生命与精力都已献给世界上最壮丽的事业——为人类的解放而斗争。”

所谓“不寻常”，就是要像某位著名的科学家所说的那样：我是个科学家，文化大革命中硬要我去扫厕所和炸油饼，这显然是不合适的，错误的。但怎么办呢？既然让我扫厕所，我就要想法把它扫得干干净净，既然让我炸油饼，我就要把它炸得又香又脆。我也就是用这个科学家的精神时刻激励着自己在外交战线上不断努力开创新局面。

所谓“不寻常”，就是我把自己当作一粒种子，把人民和环境当作土地，我到了哪里，就要在哪里发芽、生根、开花、结果，希望我的存在和努力，能使周围的环境更美一些，周围的人们能相处得更和谐一些。

这一切难不难做到？应该说，很难。我真正做到了没有？应该承认，远没有做到。但我感到自豪和无愧的是，我始终有这么一点精神，这么一点愿望，这么一种追求。我有过挫折，有过失败，但我从不气馁。我现在年纪大了，但我还是要把我最美好的东西献给祖国，献给人民，献给我深深爱着的亲人们。

最后，我想说明的是，我这本拙著主要写的不是我的思想转变和改造过程，而是写我一生中，特别是我的外交生涯中一些对我来说有意义的片段，以及我对人生和事物的一些认识和感受。如果这一切能对读者、特别是年轻人有点助益和启示，这将是我一生最大的快慰。

王嵎生

2009年7月

目 录

第一部分 洗礼篇

“根深才能叶茂。”一个人能否成才，一生能否有所作为，“根子”很重要。

我有三个老师：给我生命的老师，未见过面的老师，以及初恋并背叛我的女友。我要感谢他们，特别是我的母亲。他们替我沐浴洗礼，从正反两个方面给了我终生难忘的教育和启迪，告诉我应该怎样做人，做什么样的人，以及不应该做什么样的人。

第二部分 学徒与情侣篇

“师傅领进门，修行靠个人。”我并不笨，但也不怎么聪明。智商的不足，靠什么弥补？我的切身体会：一是勤奋，二是好学。这些都不是权力和金钱可以换来的，而是靠自己对生活的热爱（人生观），以及由此而激发的敬业精神。“爱情”也是一种巨大的动力。

“笨鸟先飞”是我师傅传给我的一大法宝。

第三部分　初出茅庐篇

常说“弱国无外交”，但这并不是绝对的。正确的战略、政策和策略，如果运用得当，也可以“四两拨千斤”，开创外交工作新局面。

我没有诸葛亮那样的才智，但我有一颗中国人民儿子的心。不论担子多重，我都要挑。一个人不行，“众人拾柴火焰高”。我深信，三个臭皮匠，可以凑成一个诸葛亮。

第四部分　亲历篇

外交是一个国家政治意愿和国策在国际上的“软实力”行为，对外交官是严肃的挑战，同时，也是一个五彩缤纷的舞台。

李商隐出神入化的诗云“夕阳无限好，只是近黄昏”；朱自清的诗境界更高——“但得夕阳无限好，何须惆怅近黄昏”。

现在时代不同了。我们新一代知识分子想得更多，看得更远，我们的时代之歌是：“幸得夕阳无限好，更喜朝霞向天歌。”我们希望年轻的一代“青出于蓝而胜于蓝”，为中华民族谱写更加美好的明天。而我们自己的心态是：“年在古稀之上，心在花甲之下。”我们要继续和年轻的一代一起，为中国的伟大复兴而奋斗。

第五部分　晚霞篇

——静观国际风云代表作

丘吉尔说，新闻是没有国界的，但记者是有祖国的。观察国际形势也是如此。评论是自由的，但评论者是有立场的。我是中国人民的儿子，我深深热爱着祖国的土地。我要用我的"晚霞之笔"，在国际舞台上不断抒发中国人民的心声。

附　录：

第一部分　洗礼篇

“根深才能叶茂。”一个人能否成才，一生能否有所作为，“根子”很重要。

我有三个老师：给我生命的老师，未见过面的老师，以及初恋并背叛我的女友。我要感谢他们，特别是我的母亲。他们替我沐浴洗礼，从正反两个方面给我终生难忘的教育和启迪，告诉我应该怎样做人，做什么样的人，以及不应该做什么样的人。

一、启蒙教育

我不幸出生在一个地主家庭。我有一个过着寄生生活的父亲。据说，我们的祖家原来本是书香门第，传到了我祖母和父亲这两代就不行了。我祖母中年守寡，不知从哪儿学会了抽鸦片烟。好像是“有其母必有其子”，我父亲也逐渐染上了这一恶习，而且还学会了赌博。他倒好，32岁就“仙逝”了，也解脱了，可是他欠下了沉重的债务（800元大洋），丢下了我们兄妹五人，最大的不过10岁，妹妹还在娘胎里，害苦了我母亲——他年轻漂亮的妻子。

那时她才不到30岁啊！

但我很幸运，有一个善良、慈祥和勤劳的母亲——谢锦云。她知书达理，会刺绣、绘画，写得一手好字，而且还懂一些诗词歌赋。在极其困难的情况下，外有逼债，内有逼嫁（伯父是个伪保长，图谋在我母亲改嫁后夺取我家的田地房产）。我母亲坚决不改嫁，含辛茹苦，一步一步，经过十多年的努力，终于还清了债务，并把我们抚养成人。她呕心沥血，牺牲了自己最宝贵的青春，付出了沉重的代价，但上天对她却很不公平。她的两个儿子——我的兄弟在抗日战争时期死了。我的大哥，虽说是县里公认的进步分子，后来竟然成了“右派”，病死在劳改中。母亲1959年逝世时，只有我妹妹在她身边。她闭目之前，嘴里不断念着我的名字，她最心爱的儿子的名字，希望能见我一面，为我祝福。可这时我远在驻锡兰大使馆工作。当我得知她去世的消息时，已来不及满足她的最后愿望，而且在当时的情况下，我也不便去做“地主阶级的孝子贤孙”，赶回国内为她奔丧。我母亲如地下有知，定会原谅她这个儿子的“不孝”，同时也定会为她的儿子没有辜负她的希望，为人勤恳、正直，并成为新中国的外交官而含笑九泉。

我是含着眼泪写这篇“启蒙教育”的。在那个历史时期，我母亲是当地社会上公认的女中强人，她的一生充分体现了伟大的母爱和自我牺牲精神。她对我的教育使我终生难忘。她既是我的慈母，也是我的启蒙老师。

我四五岁时，母亲就给我讲“狼来了”的故事，要我千万不要做撒谎的孩子，说那个一再喊“狼来了，快来救我”戏弄人的孩子，后来真的狼来了，他喊破了嗓子，也没人去救他，因为大家都认为他又在撒谎。结果这个孩子被狼吃了。

我五六岁的时候，母亲又给我讲“孔融让梨”的故事。她虽然特别疼爱我，甚至有些偏爱，家里有什么好吃的，首先要给我留一份，但仍经常教育我，不要太贪，不要只想着自己，要经常想着自己周围的亲人，尤其是自己的兄妹，要注意谦让。她还结合实际教育我牢记古训，念古诗。印象最深的是“一粥一饭，当思来处不易”，“锄禾日当午，汗滴禾下土。谁知盘中餐，粒粒皆辛苦”。那时候，我们吃饭时，是不准掉饭粒的，掉在桌上的饭粒，一定要拾起来吃掉。当我再大一点的时候，她又进一步教我背诵白居易和杜甫诗歌中的名句，如“可怜身上衣正单，心忧炭贱愿天寒”、“朱门酒肉臭，路有冻死骨”，并且像说故事一样给我解释，在我幼小的心灵上撒下了极其珍贵的种子。在我上学以后，母亲经常含泪向我诉苦，说她年轻守寡，受尽家族的欺侮，活下去全是为了我们兄妹，希望我们好好念书，做个正直的人，有本事的人，长大了为她争一口气。母亲的哭诉和对我的期盼深深震撼着我，影响着我，鞭策着我，使我比较早地开始懂事，开始感到自己有一种责任：一切为了我可怜的母亲！那时候，我发奋学习，念私塾期间，可以一字不漏地背诵《论语》和《孟子》；在小学和初中，语文和数学成绩始终保持满分，在班上总是名列第一，偶尔第二，要是落到第三名，就要痛哭流涕（现在想起来，颇觉可笑）。

母亲对我的谆谆教诲，是对我最好的启蒙教育，为我尔后的健康成长打下了坚实的、良好的基础。后来，由于先进社会文化和教育的影响，我“一切为了母亲”的思想逐步演变为“一切为了祖国”。对母亲的“责任感”也发展为对国家的“使命感”。这种演变和发展并不是对前者的否定，而是在原有基础上的一种进步。1957年，在我到锡兰工作之前，我曾有幸把我母亲接到祖国首都北京小住一月。她那时已年近花甲，仍深情地对我说，希望我注意，不要老惦着她，要努力工作，好好报效国家。这说明，她不是一个自私的母亲，她有着广阔的胸怀，期盼我不仅要为了她，更要为了祖国而发愤图强。

二、未见过面的老师

世界上一切事物都在变。人，当然也不例外。至于如何变，向什么方向变，变好还是变坏，总是同社会和社会发展，以及本人的实践和努力分不开的。人的一生往往要经受各种影响，有些影响可能是关键性的，方向性的。

我从小就幻想做一名科学家。上中学的时候，开始阅读大量小说。当时比较容易理解和接受的是巴金的“爱情三部曲”——《家》、《春》、《秋》。我如饥似渴地读着，并开始幻想成为“觉慧式”的人物。那时我还不懂什么是革命，巴金先生也没有告诉我。但他书中关于“一个人的幸福不应建立在别人的痛苦之上”的名言却给予我有益的启示。从这时起，我开始喜欢起文学来了，渴望成为一个文学家。抗日战争胜利结束时，我已经是16岁的青年了，我目睹周边的一些地主亲戚过着花天酒地的生活，以及国民党政府欺压百姓的大量恶劣行径，对照母亲教我少年时背诵过的杜甫和白居易有名诗句，对照社会现实，深有感受，认为社会上少数人的“幸福”和糜烂生活正是建立在普通老百姓的痛苦之上的，心里暗下决心，一定要用我的笔写下人间的不平。

巴金先生是继我母亲之后社会上第一个对我影响最深、最大的人。他通过他笔下的人物，用生动的故事和语言，把我带入了一个新的境地，追求一个当时我还并不十分清楚的理想。它虽然还比较朦胧，但毕竟是崇高的，美好的，主持正义的，反对旧社会的邪恶，鼓舞着人们向上和奋斗。正因为如此，我始终把巴金先生看成是我尊敬的“未见过面的老师”。

人有时是有缘分的。三十多年以后，1978年秋天，我陪同西班牙国王随团记者到上海访问。上海市领导举行盛大晚宴。在晚宴上，我忽然发现巴金先生就坐在我右边的一桌，同桌的还有张乐平、秦怡、孙道临、丁善德和王丹凤。于是我情不自禁地拿着精制的菜单，冒昧地走过去自我介绍，并恳请他们为我签名留念。这是我第一次见到我“未见过面的老师”，并得到他的签名，我的喜悦之情可想而知。几乎忘记了当时我有外交活动任务。这张签名菜单至今我仍珍藏着，作为永久的纪念。

我的另一位“未见过面的老师”是一位从事光学研究的科学家。阅读各种报刊杂志是我生平一大爱好和乐趣。有一天，我偶然在一份小报上读到一篇采访报道。记者问这位科学家“成功的秘诀”何在，他回答说，他根本没有什么秘诀。如果说有，那就是“炸油饼精神”。记者听后感到茫然。这位科学家回忆说，“文化大革命”期间，造反派勒令他去炸油饼。让一位科学家去炸油饼，实在是荒唐可笑，浪费人才。可是在那个非常时期，争辩是无济于事的，反抗可能招致更坏的结果。他只好面对现实。他说，既然让我炸油饼，那我就一定要想方设法把油饼炸好，要让我炸出的油饼比谁炸得都好，更香更脆。他说，后来又让我去扫厕所，我本着同样的精神，总是把厕所扫得特别干净，可以说比谁扫得都干净。这位科学家所说的“炸油饼精神”或者“扫厕所精神”，实际上也就是一种“敬业精神”，是高度责任感在特定形势下的一种表现，发人深思，

我需要的就是这种精神。这位“未见过面的老师”给了我这种精神。我十分感谢他。我在长期外交工作中，一直就按照这种

精神去交朋友和努力开创新局面。遇到过许多的困难和问题，也是本着这种精神去解决的。在我担任大使期间，我还经常同青年外交官谈这种精神的意义和作用，鼓励学习这种精神。

三、投笔从戎

由于家庭和社会的影响，我懂事较早。在中学时代，继读巴金小说之后，我又看了不少鲁迅、茅盾、高尔基以及屠格涅夫和陀斯妥耶夫斯基的小说，感到有一种发自内心的、需要“呐喊”的激情。初中快毕业时，我就不再想将来当工程师，而是梦想做一个作家和记者，要用我的笔“写尽人间的不平”，歌颂美好的事物。初中二年级的时候，我约集了一些爱好文学的同学，在学校和县城创办了《拾人风》墙报。所谓“墙报”，就是把文章手抄后，张贴在墙壁上供人阅读。在电脑和激光打印的当今时代，人们很难想像编辑墙报的艰辛，但在那个年代，墙报不失为进步青年表达意见的一种形式。当时我自命不凡，其实知之甚少，政治认识上的局限性更大。我们所谓的“风”或者说“呐喊”，主要不过是一些诸如反映社会不公道、揭露土豪劣绅的糜烂生活以及反对欺压老百姓之类的杂文，外加一些风花雪月的诗歌。如此而已。但就是这样，也吸引了很多民众围读。每期张贴后的围读现象大大鼓舞了我们。

1946年的冬天，国民党政府警察在学校附近低价强买农民上街卖的柴。我们一批同学目睹现状，进行干预和反对。在众多同学的呐喊示威下，他们被迫“夹着尾巴”逃走。但一小时后，我们的学校便被大批荷枪实弹的警察包围了，我同另外两名同学被押到县政府。一个中年官员装模作样地对我们审问了一番，又威胁了一阵，然后就把我们放了，警告我们说，你们年纪轻轻，太不懂事，“要一心读书，别管闲事”。第二天，学校教导处张榜公布，给我们记了一次“大过”，说我们日前带头的行为举止对社会秩序造成“不良影响”，“有损校誉”。

一场小小风波就这样过去了，但在学校和社会的影响却没有划句号。当时学校有不少定期张贴的墙报。我们的语文老师思想比较进步，公开评论说，现在学生中的作文和诗歌有两种类型，一种是属于“鲁迅派”，另一种是属于“鸳鸯蝴蝶派”，并把我们《拾人风》列为前者。在当时的情况下，他似有意回避孰是孰非和优劣的问题，但人们不难看出他是在称赞和鼓励我们。我们这批同学解放后都成了学校的骨干，我担任了学生会主席，还被选为县人民代表会议的学生代表。

1950年，我以比较好的成绩先后考取了华北区燕京大学的新闻系和华东区浙江大学的中国文学系。由于经济条件不够，我未能去私立的燕京大学，而去了杭州。此时，朝鲜战争爆发了，我在攻读中国古典文学的同时，开始写一些“街头诗”，表达爱国主义和反帝的激情，有的还在《浙江日报》上发表过。当年10月，战火日益逼近我国边境。唇亡齿寒，在紧急情况下，中国人民志愿军跨过了鸭绿江，进行抗美援朝，保家卫国，我国政府号召青年参军。

在这种情况下，我是继续读书，还是投笔从戎，是我人生道路上面临的第一个严峻考验。参军，入朝，明摆着有一个是否继续做作家梦的问题，也有个生死关的问题。我思想斗争十分激烈，未能立即报名。

当时我是中国文学系和外国文学系团支部的组织委员，由于我犹豫不决，两个系报名者寥寥无几，在一定程度上也影响了全校动员工作的开展。组织上几次找我谈话做思想工作，向我说明参军的意义；分析做作家和参军并非绝然对立，也可以一致，世界上就有很多战地记者和作家；还指出，我平时一贯要求进步，表现比较好，为何到了关键时刻就不行了！我经过反复思考后，认为组织上的话是对的，我所谓的一些理由，实际上只不过是一些借口，是苍白无力的，甚至是可耻的。我应该经得起考验，投笔从戎。

整个过程不过几天的工夫，但当时的感觉好像是几年。我这个体重只有56公斤的文弱书生，又是地主家庭的子弟，居然能“抛弃个人主义的一切考虑”，毅然报名参军，立即在两系引起了强烈反响，报名的人数急速增加。学校领导还把我作为典型之一，在校刊上登载了我写的思想转变过程，以启发和动员广大学生群众。我的母校——南陵中学还专门向我发了贺电，说“我们为你而骄傲”。

我一生第一次沐浴在荣誉和欢乐的阳光中。我还记得，我们在杭州火车站上，兴奋地唱着苏联共青团员之歌：“再见了，妈妈！别难过，莫悲伤，祝福我们一路平安吧！”大家热泪盈眶，话别美丽的西湖。

火车飞快地奔驰着，但却没有把我带到鸭绿江畔，也没有把我带到任何军事训练基地，而是把我带到了北京，进入了“北京外国语学校”（现北京外国语大学的前身，当时外交部的干部学校）。据说我身高和体重不成比例，瘦得像个“竹竿”，体检不及格，连起码的陆军标准也不够。正好外交部也需要人，包括需要在朝鲜前线喊话和教育美国俘虏的英语干部，就把我分配到这所学校了，也算是抗美援朝的一部分。就这样，由于“历史的误会”和偶然，我从作家和记者的梦幻里步入了现实的世界，后来做了外交官。

四、初恋的洗礼

在这一期间，我还经历了一次初恋的洗礼。

初恋，往往是很神秘的，浪漫的，不知不觉悄悄地来到你的身边。

初恋，在一般情况下，也是最纯洁的，但却又是捉摸不定的。是甜蜜，是苦涩，还是别的什么，在起始阶段，连自己也说不清。

初中的时候，我喜欢上了邻里附近的一个女学生。她比我小几岁，两人虽非青梅竹马，但来往十分频繁。到了高中，她出落得越发水灵，而且能歌善舞，几乎成了学校的校花。同学们背后称她为“小黑”，有的就索性叫她“黑牡丹”。这时候我们的接触逐渐向纵深发展。我经常向她介绍看一些进步小说，向她解释古代诗歌和文学。她也经常伴在我身边，唱她最喜欢的歌。1949年家乡解放以后，我当了校学生会主席，从事大量政治活动。她参加《白毛女》和《兄妹开荒》等革命歌剧的演出。我们相互支持和帮助，感情更进一步发展，进入了“实质性阶段”。她经常恋在我身边，我也深深地爱着她。两人虽不像现代歌曲说的那样，爱得死去活来，但也有传统的山盟海誓。

当时，同学们都很羡慕我，但竞争的“对手”也不在少数。我到浙江大学读书时，她还在读高二。也许是竞争对手的影响，攻势过猛，也许是她见异思迁，摇摆不定，我同她的书信往来时断时续。从中，我开始感觉到我们的爱情并不巩固，我开始苦恼起来。

1950年抗美援朝开始，我参军受到母校的一致赞扬，又被分配到北京外国语学校。这一切，可能从某一个方面满足了她的虚荣心。她又同我热乎起来，“两地书”几乎不断，对我的爱慕之情也表现得更加明显。1952年暑假，我回到故乡。在家乡的小河边，在如秋水般的月光下，她依偎在我的身旁，倾诉着她对我的依恋，忏悔着她的几度动摇，说她几乎堕落到像个冬妮娅（《钢铁是怎样炼成的》一书中主角保尔·柯察金的女友）。当时我还比较天真，而且有点“老正统”。我对她说：“改了就好。何况你并没有变到冬妮娅的那种地步，我也没有达到保尔·柯察金的水平。”后来，我们共同向县团委写了一份订婚报告，并得到批准。我满以为，这样一来我们的恋爱关系就更巩固了。多了一个“保险系数”，因为订婚虽无法律约束，但道义的因素还是很明显的。

我这样做，并非因为我精于老谋深算，而是因为我太相信政治和道义的影响和威力，也反映了我当时对她不放心的一面。殊不知我得到的只不过是一纸空文，是一个“毫无法律保障的未婚妻”。

天有不测风云。欢乐与痛苦有时是相伴而行的。我在经历了一次甜蜜的暑假后，满怀初恋成功的喜悦回到了北京。回京后的第一件事便是给她写信，可没有回音。我的无数封情书如泥牛入海，她没有给我写过一封回信。后来得知，她进了一个外语学校，并同一个留学生结婚了。当时我失恋之苦是可想而知的。我伤心，但不仇恨，因我多少还有点自知之明。我虽是个积极要求进步的青年，但我所就读的不过是个外语学校，岂能同吃香的留学生相比；我人虽长得不丑，但又高又瘦，像根竹竿，岂能真正得到被称为“黑牡丹”姑娘的欢心。我认输了，希望她幸福。但我也下定决心，一定要成为一个对国家真正有用的人才，要让她在幸福的时刻回头看我时，多少有点后悔。现在想起来，那种要让她后悔的心态，并不值得称道，更不值得鼓励，但当时确实是那么想的。

后来听说她离婚了，又嫁给了一位大学教师。文化大革命期间，全家被扫地出门，被赶到西北定居。1985年，我在尼日利亚任大使，她给我来了一封信，叙说她的不幸遭遇，希望我帮助她向上呈递申诉信，要求落实政策。考虑到这属于需要和应该落实政策范围之内的事，我帮她把这封信转给了与她工作单位有关的部长，并且很快得到公正处理。她与她的母亲、女儿都回到了北京。房子也得到归还。她当然对我很感激，也不无“悔不当初”之意。但家乡的一些朋友们都责怪我太傻，不报复她就不错了，还帮了她这么大的忙。但我总觉得，为人应该宽厚一些，青年时期生活上的一些不当之处更应该得到原谅。何况，我还想，我同她初恋的失败看来未见得是件坏事。这一初恋的失败可谓是一次很好的“洗礼”，在一定意义上一直激励着我的进取心，客观上也是有益的。

第二部分　学徒与情侣篇

“师傅领进门，修行靠个人。”我并不笨，但也不怎么聪明。智商的不足，靠什么弥补？我的切身体会：一是勤奋，二是好学。这些都不是权力和金钱可以换来的，而是靠自己对生活的热爱（人生观），以及由此而激发的敬业精神。“爱情”也是一种巨大的动力。

“笨鸟先飞”是我师傅传给我的一大法宝。

一、外交第一课

1954年7月14日，外交部调我到礼宾司工作（当时外国语学校尚无毕业制度，只根据工作需要分配和调动）。我开始步入了外交部的大门，但情绪并不高，不大愉快。原因很简单，一是觉得不合志趣，我很想到情报司（现在新闻司的前身）工作；二是觉得“大才”被“小用”了，想我在学校作了几年学生会主席，好像可以呼风唤雨似的，现在却让我搞什么外交优遇，成天价填写外交官证，办理免税申请表和汽车“使”字牌照，多么单调和没出息。但我毕竟是个要求进步的青年。我想，既然组织上把我放在这里，我就应该在这里生根、开花和结果，从具体工作一步一步做起来。而且我还想，组织上把我安排在礼宾司工作也并非没有道理，因为我长期搞学生会工作，社会活动较多，可能容易适应礼宾交际工作。

这时候，司里的老同志也热情、耐心地帮助和启发我，向我介绍礼宾工作的重要性，表面上看来是一些迎来送往和礼遇等琐事，实际上以不同的方式体现着我国的方针、政策和策略，以及新中国的外交风格。有几个事例给我留下了很深的印象。

一是周总理宴请外宾，因客人是穆斯林，他生怕出错，亲自审查菜单，结果发现有一道菜是猪肉。他把主管科长狠狠批评了一顿，说这不仅是常识问题，更是个是否尊重别国人民风俗、习惯和宗教信仰的问题。

二是周总理访问蒙古，蒙古领导人以马奶酒招待贵宾。我国汉族人多数不习惯喝马奶酿制的酒，在筵席上大多表现犹豫。可是这时周总理端起杯来一饮而尽，随行人员马上也都跟着干杯，使现场气氛顿时活跃起来。

三是周总理会见几位外国驻华大使，因为有一位大使临时有重要事情要谈，多占了半个小时，下一位大使因此不得不在会客室等待。周总理获悉后，亲自向这位大使道歉，说由于安排不当，不了解情况，耽误了他宝贵的时间。周总理还耐心地对外交部同志说，大使是国家元首的代表，耽误大使达半个小时之久是很不礼貌的，也是很不应该的，今后应该避免这类事情的发生。可以提醒他下面还有同另一位大使的约会，或设法改变约会的时间，不能让人家苦等。

这几件事可以说是对我外交工作的启蒙教育，启迪我要学会尊重别国的风俗习惯，要认真守时守约。这以后在四十多年的外交生涯中，不论是当翻译还是当大使，我在交往中十分注意尊重别国的民族生活习惯和传统，有时硬是强制自己做不习惯和违愿的事。有一次某国前总统请我吃饭，主菜是烧在一起的山羊肉和鹅肉，按习惯我实在难以下咽，但还是几乎一扫而光，主人问我是否好吃，我说好。主人说，那就再来一点。我只好咬牙又吃下去，而毫不形之于色。这也可以说是外交上的一点“过硬”本领。在约会中，我总是十分守时，在同小国外交官的约会中，我总是要提前两三分钟到达，以示尊重。

二、“三八线”上的情侣

有缘千里来相会。1955年，我被派到朝鲜中国人民志愿军开城联络处工作。同时派往的还有后来成为我结发妻子的陈依弥。在北京通往平壤的列车上，我们便一见钟情。她刚从日内瓦参加第一次关于解决朝鲜问题和恢复印度支那和平问题的国际会议回来，第二次入朝。一路上，她向我谈了很多有关第一次入朝的艰苦经历，包括多次遇到被美机空袭的危险，也谈了很多关于日内瓦会议的花絮。她是圣约翰大学的毕业生，英语比较好，同时又会英文速记（这在当时是很难得的）。而我是刚从外语学校毕业不久的学生，英文水平很低，连英文打字都不会。她耐心帮助我，几乎成了我的老师。她长得并不十分美丽，但却很甜，脸上常带有一丝阳光般的微笑。同她相处，总感到一种体贴、温暖和愉快。就这样，我们在“三八线”上开始恋爱，而且是扎扎实实的，双方都是出自内心的相互爱慕。

在朝鲜短短的一年，我们的恋爱似乎经历了漫长的“三部曲”。

先是在开城联络处。那是我们初识和相互了解的阶段，也是热恋和难分难舍的阶段。她经常去板门店参加军事停战协定双方联席会议，担负着从速记、打字到翻译的全过程的日常工作。在这流水作业的过程中，我只能搞一些英译中的工作。为了帮助我提高业务水平，她业余时间几乎是手把着手教我英文打字，约会时也忘不了用英语交谈和介绍各自的身世和经历。当时，因为比较年轻，胆子也比较大，有时夜晚外出散步，接近“三八线”警戒区，哨兵们常开玩笑地说，你们只要“爱”不要“命”了。

当时虽已停战，但朝鲜南北双方关系仍很紧张。在南北两方各有五个口岸，设有中立国监察委员会的工作组（由瑞士、瑞典、波兰和捷克四国组成）。因朝方需要英文翻译，组织上便把我借给了朝鲜人民军，派到新义州口岸工作。这样，我们的恋爱便进入了“两地书”阶段，她在“三八线”上，我在鸭绿江畔。这时候，我由于经历过初恋失败的痛苦，加之，我也听说日内瓦和北京各有一个高级青年翻译在追求她，感到不太放心，担心再遭失恋之苦。但人是不一样的，有的爱虚荣，有的喜欢真诚，讲志趣。依弥与那位“黑牡丹”显然不一样。她把别人追求她的事都写信告诉了我，说这几个人虽好，但并非她的意中人，请我放心。同时，她利用在总部工作的有利条件，经常向我吹一点有关形势和政策的风，并继续指点我如何提高英文水平。我们的恋爱关系进一步向纵深发展，而且都是认真对待的。

大概半年多以后，由于美韩方面的破坏，国际监察委员会不得不停止在口岸的活动，撤销了工作组。于是我又回到了开城联络处。这时组织已决定调我回国，但考虑到我同依弥的关系，特别照顾，让我延长两个月，等她一起回国。

对夫妻关系来说，人们常讲“小别胜新婚”。对青年恋人来说，久别重逢简直是胜入仙境了。我们热烈地拥抱着，吻着，谁也离不开谁，其他翻译追求她的一叠情书也在这无声的纯洁爱情的火焰中化为灰烬了。

我们决定结婚，誓言不论是夏日的泥泞，还是冬天的寒雪，我们一定要终身相伴，直到永远。

1956年12月下旬，抗美援朝六周年之际，我们以非常俭朴的方式在北京结婚了。婚后我们深深地相爱着，在工作中优势互补，在生活上相互照顾，在同志关系上互相促进。外交部熟悉我们的同志都很羡慕我们。可好景不长，我们还未到银婚纪念的日子，“上帝”便无情地夺去了她宝贵的生命，给了我一次几乎是致命的打击。1974年12月16日凌晨，她在斯里兰卡与我永别了！

三、难忘两次挨批

我走上外交工作岗位不久便遇上两件不太寻常的事，捅了两个娄子，受到大使的批评。这两件事一直深深地印在我的脑海里，至今难忘。

两件事都发生在我国驻锡兰（现在的斯里兰卡）大使馆，我当时是新闻处的职员，兼任政务参赞姚登山的翻译。

（一）并非笑料的“故事”

1958年春天的一个早晨，锡兰一位年轻、英俊的外交官由中国回科伦坡休假期间，紧急要求会见我们的政务参赞姚登山。姚参赞从外交身份对等考虑，认为由他出面接待不合适，托辞已有其他安排，指派我代他会见。这位年轻人一见面开门见山，激动地对我说：“我最近爱上了我们大使的女儿，她也很爱我，我们情投意合。但由于我出身卑微，大使夫妇坚决反对。我苦恼万分，特来向中国朋友求救。中国是个社会主义国家，主张男女平等、婚姻自由，希望能替我求求情，做做大使阁下的工作”。

他看我在认真地听他谈话，又进一步向我详细描绘大使女儿如何漂亮，说她长得像个“天仙”，用中国的话来说，好像“刚出水面的芙蓉”，有“闭月羞花”之貌。现在两个人被迫要断绝来往，“实在是太残忍了”。“中国有个梁山伯与祝英台的故事”，“你们应该同情我，设法阻止在锡兰也发生这种悲剧”。否则，他就可能成为“锡兰的梁山伯”，大使的女儿就可能成为“锡兰的祝英台”！

这个小伙子苦苦哀求我，讲话的真情溢于言表，指望我伸出友谊之手，将他和那位痴情相爱的姑娘拉到一起。可怜这位身为外交官却并不懂得外交，或者说，因坠入情海不能自拔而“不顾外交”。

我听了他的一番诉说对他不禁有点同情，但我明白，我身为中国的外交人员怎么能过问一个外国人的婚姻呢？我告诉他：你的情况我理解，可我实在是“爱莫能助”，同时向他说了些安慰话。他对我接待他表示感谢，两手向外一摊，表示无可奈何，怅然而去。

送走那位青年，我感到可笑，回到办公室，办公室主任见我面带笑容，问我：你们谈了些什么，使你这么高兴？我就把刚才和那位青年的谈话当作笑料，一五一十像讲故事一样讲给他和其他在座的同志们听。我满以为这是件小事，没有向姚参赞汇报。

事情过去之后，突然，张灿明大使约我谈话。他表情严肃地问我：“你今天接见了什么人？”我说：“接待了一位锡兰青年外交官。”接着他问我：“你向姚参赞报告了吗？”我吱唔说：“还没有。”

这时大使板起面孔，大声训斥我说：“你作为参赞的翻译，只有权向参赞和大使反映情况，没有权向参赞以下任何人说这件事，你太无组织纪律了！”第二天，他又在使馆大会上就这件事点名批评我。张大使有些军人作风，批评毫不留情面。这一板子可说打得很重，我觉得面子上实在过不去，伤心至极，无地自容，痛哭了一场。但我心里确实感到他批评得有理，所以我没有反感，没有怨恨，而是觉得应该记住这个教训。

（二）小伙子“怎能如此冲动”

1959年3月西藏发生武装叛乱。一天下午，锡兰一位朋友给我打电话说，有一批和尚很快要到中国大使馆前示威游行并向使馆提抗议。张大使据此迅速作了预防性安排。因我懂英语和僧加罗语，被安排到第一线。十多分钟后，有个记者开车闯进使馆对我说，他听说有和尚要来示威游行，他是前来现场采访的。我那时正是血气方刚、不知深浅的小伙子，立即火冒三丈，说“这是中国大使馆，也就是中国领土，请你给我出去（Get out）”。我当时的用词和语气强硬，实际上就是要他“滚出去”。该记者一听，很不高兴地说，我是记者，客观采访有何不可，中国外交官怎么如此无礼，并称，他要写文章明天在报纸头版揭露我的蛮横态度。说罢开车离去。我立即如实地把上述情况向张大使作了汇报。张大使听我汇报后，气得手都发抖了，指着我说，事情本来已经很麻烦，你又在添乱。人家记者并不是敌人，有权采访，你应该对人家多做工作，怎么可以让人家滚呢？你给我捅这么大的娄子，真不像话。我后悔得几乎要哭出来，幸好后来游行示威规模小，很快就过去了。第二天报纸上也没有出现那位记者的文章。可是我内心久久不能平静，深深感到自己政治上太幼稚，外语也不过硬，今后要深刻记取教训。

张大使的两次批评，对我后来的外交生涯有很大教益。我对他是非常感激的。“文化大革命”中有些造反派为了整张大使，歪曲事实，诬陷他，并要我写所谓“证明材料”，被我坚决拒绝。后来一次偶然的机会，张大使见到我，拍拍我的肩膀说，你这个小伙子不错，很正派。我说，还是要感谢你的教诲。

四、笨鸟先飞

小时候，我母亲经常讲故事给我听，其中之一便是“龟兔赛跑”。

当时我并不懂这个故事的真谛。后来我渐渐长大了，好像懂了，但仍是懵懵懂懂一知半解，只觉得决不能学兔子，不能骄傲。

在外交工作的不断实践中，经过老同志的不断引导和教诲，我逐渐懂得了这个故事的含义，并且开始从更广和更深的意义上去认识和领会。在这方面，我至今仍经常怀念已故张彤大使说的一句话——“笨鸟先飞”。

1962年，我在亚洲司印度处工作。当时，我军在自卫反击战中缴获了印度大批武器弹药。中央决定将这些武器弹药全部退还印度政府，并指示向印度政府发一个照会。这时，自卫反击战已结束，我国政府已宣布在一个月内把军队撤回到实际控制线以内，此案尚不属特急件。但张彤司长当晚即找我加班，以口述方式让我笔录照会，并说：“事情倒不太急，但我们‘笨鸟先飞’有好处，以免返工误事。要努力争取主动。”

我跟他开了个夜车。他睡了几个小时，一早又找有关处领导商量、推敲这个照会。后来这个照会及时上呈请示，并迅速发出，事情顺利解决了。然而，张司长关于“笨鸟先飞”的一席话，言简意赅，给我很大启发，使我又想起了“龟兔赛跑”的故事。它们异曲同工，使我在以后的工作中受益匪浅。

从此，不论是搞动态调研，还是写形势报告，我都十分注意“笨鸟先飞”。只要我预感或预见到某一事件可能发生或有重要性时，就及早准备，事先做大量的调查研究工作，并在自己的脑子里不断去粗取精，去伪存真，分类提炼，特别是注意新问题和新情况，注意同过去比较，注意主要倾向和被掩盖的另一种倾向。

我主持和执笔写的一些受到重视或转发通报参考的调研报告，一般都是这样完成的。真正动手写的时候，往往不过半天，但准备工作却是好几天以至好几个星期。有的同志称赞我是“快手”，其实我只不过是一只“笨鸟”。

五、领路稿和“形势、政策、点子”

1956年，我在外交部亚洲司分管对锡兰（现名斯里兰卡）外交工作。那时我还未到“而立”之年，十分自信，很有自己的个性。但一般说来，我并不骄傲。我相信孔子说的“三人行必有我师焉”，更相信“霜叶红于二月花”。愿意学习，喜欢学习，遇事总是要问几个“为什么”和“怎么办”。不久，组织上决定派我到驻锡兰使馆工作，并要我起草建馆方案。对此，我简直是“丈二和尚摸不着头脑”。我翻阅了许多文件资料，请教了不少同志，一连写了七稿，均未被采用。第八稿还是我们科长写的，其中只用了我第七稿中的一句话。但他还是鼓励我说，别看我没用你的稿子，其实，你没有白费时间，没有你前面的七稿，就难有这第八稿。你的七篇草稿是“领路稿”。

我深受感动。我把七个稿子都保留起来，对照科长的第八稿以及后来司领导和部领导的修改，从中第一次学到了很多东西。从此以后我就养成习惯，对别人和领导修改的稿子总是认真研究，从而找出自己的不足，学习别人的长处。这对我后来长期从事动态调研和主持撰写某些重要报告帮助很大。

不久，我又在这个科长的办公桌上看到他压在玻璃板底下的座右铭:“形势、政策、点子。”我觉得很新鲜，但不甚理解，直到经过一些年的工作实践，才逐步领会到，这对办任何事情，特别是搞外交是十分重要的。后来，这六个字几乎成了我长期从事外交工作的“座右铭”。

形势和情况，从宏观上来说，是制定政策的依据；从微观上来说，是办案的基础。四十多年来，我国同美苏两大国的关系从“一边倒”到反两霸，到反两霸侧重反对苏联，到笼统提反对霸权主义，经历过多次重大调整，而每次调整都是根据形势变化而做出的决策。决策以后又需要我们有关同志冷静和认真地观察有关动向，并及时向上面反映新情况和新问题。同样，办一个重要事件也需要首先把有关情况弄清，才能做出正确的决断，或向上级提出比较正确的建议。

政策是外交工作的生命。作为外交官，必须深刻领会并认真贯彻执行，不能有任何的随意性。在政策和国家的基本关系上，外交官不能强调所谓“自由”，不能等同于一般学者。比如说，关于世界大战是否可以避免的问题，由于国际形势认识的变化，不同时期我们有过不同的提法。中央的提法调整了，甚至改变了，如果还沿用老的提法，说“世界大战不可避免”，那就绝对不行。又如，在台湾问题上，我们有“一国两制、和平统一”的基本方针，还有一系列具体政策和策略，既从未承诺放弃使用武力，也并不强调要用武力解决。如果把“和平统一”简单地等同为“不使用武力”，并对外作这种表态，那就是很大的错误，这在外交上是绝对不能允许的。

所谓“点子”，我的理解就是：在了解形势和掌握政策的基础上，充分发挥主动性，创造性地开展工作。比如，20世纪80年代初，当我们在调研工作中发现“苏攻美守”的态势已转变为相持阶段时，尽管中央的政策当时还是“反两霸侧重反苏”，但我觉得还是应该把观察到的新情况和新动向及时向上面反映。又如，80年代后期，当我们在工作中发现台湾当局已改变所谓“汉贼誓不两立”的提法，有搞“双重承认”和“银弹外交”的苗头时，我觉得就应该进一步搜集材料和证据，并及时向国内报告和提出建议。

六、学习李双双招来的麻烦

考虑到外交部干部的具体情况，周恩来总理曾经建议外交部同志好好看看《槐树庄》、《霓虹灯下的哨兵》和《李双双》三部电影。现在人们对这三部电影或其中某些情节可能有这样或那样的看法，但从历史唯物主义的观点来看，当时这三部电影确实是很有教育意义的。《槐树庄》试图解决立场问题（当时外交部中出身非劳动人民家庭的人相当多）。《霓虹灯下的哨兵》是要提醒防止糖衣炮弹的攻击，希望外交人员在灯红酒绿的世界能“出污泥而不染”。《李双双》是要启发人们的主人翁精神。我作为一个好学的青年干部，我确实认真学习，对照自己，尽量身体力行。

1964年我到北戴河参加“四清”，担任工作队的秘书。我努力学习李双双的精神，日夜辛勤劳动和工作，帮助队领导排忧解难，处理各种复杂问题，也经常提意见和建议。

一年过去了，我人瘦了几公斤，自以为工作做得不错，没想到在做鉴定的时候却给我扣了一顶大帽子，说我“手伸得太长”，有“个人英雄主义”的毛病。我百思不得其解，感到十分委屈。深夜静悄悄，我思前想后，第一次因为工作而流了眼泪，不知今后该怎样做才好。

当时政治思想工作中某些“左”的偏差和违背实事求是原则的做法，客观上不利于发挥青年人的长处和特点，而是要把他们头上的棱角磨光，变成所谓的“驯服工具”。有不少青年头上的棱角就是这样被磨光的。但也有不少青年不吃这一套，我勉强可算其中的一个。这次经历磨掉了我头上的一点棱角，但未能使我信服，我决心继续学习李双双的精神。我当时明确向领导表示，我“英雄主义”确实有一点，但不是为了个人；我有时可能尊重别人不够，有点坚持已见，今后必须注意谦虚，注意认真倾听别人的意见，特别是不同的意见，也要注意方式方法，但既然是主人翁，还是免不了要管“闲事”的，有意见还是要提的，而且正确的意见还要坚持。

三百多天的辛勤工作和一夜辛酸的眼泪，使我开始有点成熟了起来，我似乎做了一个“决策”：我不是完人，更不是圣人，只不过是个凡人。但我这个凡人是新中国的主人翁，一切正确的意见要认真听，对自己的弱点要认真克服，可是我决不放弃正确的东西和主人翁精神，也决不随波逐流。

七、一字之差

说起“推敲”二字，很多人都知道有个“僧推月下门”还是“僧敲月下门”的修辞学故事，“推”好，还是“敲”好。唐代诗人贾岛一日骑驴吟诗，得“鸟宿池边树，僧敲月下门”两句，始欲用“敲”字，后又欲改为“推”字，思之再三，拿不定主意。正好碰上韩愈，向韩愈请教。韩愈谓作者曰：“作‘敲’字佳矣。”

宋朝王安石有一句脍炙人口的著名诗句“春风又绿江南岸”。一个“绿”字，简直把冬天过去、大地回春的境界写活了。但是，在用“绿”字之前，王安石曾考虑过用“到、过、入、满”等许多字，改了十几次。一字之差使这首诗成了千古绝句。否则，如果用了“到”、“过”等字，它就没有那种生机盎然的魅力了，只能是一首普通的诗而已。

一字之差，可谓失之毫厘，差之千里，并不单纯是个修辞学的问题。在外交行文中尤显突出，一字之差，可以误事，可能造成严重后果。试举一例。

1970年某月，P国有两家报纸在报道有关台湾方面消息时，把台湾称之为一个“国家”。我驻P国的使馆立即向国内报告，说“P报反华”，建议提出“抗议”。当时国内极左思潮正在泛滥，主管部门很快同意提出抗议，并在有关报告中把“P报反华”改成“P方反华”，指示使馆向P国政府提出“强烈抗议”。

P国两家报纸在新闻报道中把台湾当作一个“国家”，有可能是个误会，或出于无知。即使是蓄意而为，也并不意味着P国反华，这本来是普遍常识，说“P报反华”已经很不合适。把“P报反华”再改成“P方反华”，问题就更严重了。一字之差，把问题的性质又升了一级，从而也把本来就欠妥的“抗议”升级为“强烈抗议”。当我驻该国临时代办递交抗议照会时，该国外交部长一再解释P国对我国的友好政策，并说明P国政府无法对报刊加以控制，个别报纸发表对中国不友好的报道，绝不意味着其政府对中国政策的变化。但我临时代办不愿意听下去，拂袖而去。

P国总统闻讯后，立即指示其驻华大使紧急约见我国领导人进行解释。在会见时，该大使拿出毛主席的“红宝书”念道：“凡是敌人反对的，我们就要拥护，凡是敌人拥护的，我们就要反对。”然后说，中国朋友只要看看对中国不友好的那个邻国报纸是如何攻击该国对中国的友好关系的，就会明白P国对中国的一贯友好政策，就会相信它绝不会从事反华活动。希望中国要信得过他们。我国领导人充分肯定了中P友好关系，表示不相信P国会反华，并请转告其总统放心。我国家领导人以高超的外交艺术，耐心地向该大使做工作，解除P方的顾虑。告别时，我领导人一直把该大使送到汽车门口，并热烈握手。回到会客室后，他笑容立收，严厉批评陪见的同志说，这么重要的事你们事先不向我打招呼。你们把事情搞糟了，让我来收场。

一字之差几乎给两国友好关系带来严重恶果。

八、贤内助和夫人外交

1974年我爱人陈依弥不幸去世以后，是我个人家庭生活最困难的一段时期。她留下三个孩子，而我的工资每月只有78元，加上组织上发给的抚养费总共也只有110元，困难是可想而知的。这时很多好心的同志都劝我“续弦”。但是由于还未能从“中年丧妻”的悲痛中解脱出来，加之我拖儿带女，所以“对象”虽多，我却很难着手。

“说是无缘却有缘，千里姻缘一线牵。”很喜欢我的政务参赞杨正凡一天告诉我，他邻居家的一位女同志很有助人为乐的精神，为了帮助他寻找治骨癌的牛黄和麝香，到处奔波；在家里也是一把手，精明能干，而且长得漂亮。经介绍，我们几乎也是一见钟情，她认为我“为人坦诚”，我认为她“通情达理、善解人意”，因此，经过一段时间恋爱，我们俩结婚了。她就是我现在的妻子杨帆。

失去第一个妻子是我一生最大的悲哀，娶现在的这个妻子却又是我一生的大幸。她为了我们的婚姻付出了很大的代价。她是在我最困难、最不得意的时候嫁给我的（当时我只是一个科员，正在干校劳动）。她含辛茹苦，与我共同把孩子们抚养成人。大儿子摔伤在家养病期间，她精心照料，使其早日康复，并在1977年第一批考上大学。几个孩子复习功课准备高考期间，她都合理安排膳食，为孩子们增加营养，方方面面考虑十分周到。孩子们与继母之间从无不愉快的纷争发生，家庭气氛和谐，使我没有后顾之忧，一心扑在工作上。

她为了支持我的外交工作，放弃了自己的教师工作，从而失去了后来一切可能晋级的机会，而同我一起在国外连续度过了十几个春秋。她从不懂外文，到学会用英语和西班牙语进行一般的交友活动，有时可单独同外宾谈心一个多小时。她在使馆中从不干政，但却帮助我经常关心全馆同志。从参赞到馆员，不论哪一位同志生病，她都送去温暖和照料。

为开展经济外交，我国商业部在哥伦比亚首都波哥大开办了一家餐厅，名为“雅叙园”，为开展业务，为结交更多的朋友，她热情相助，经常介绍使团的朋友前去就餐，为宣传中国的饮食文化，为巩固和发展中、哥两国的合资企业做了不少工作。

在对外活动方面，她结合妇女工作的特点，举办中国妇女服装和少数民族服饰表演、烹调品尝、中秋赏月以及义卖等各种活动，还接受电视台的采访，专门表演中国大使馆的夫人们是如何学做当地名菜“阿细亚弋”（一种用鸡丝、土豆、玉米做的菜）的，受到广泛的欢迎和好评，被称为“交流和培育感情的软外交”。更重要的是，她围绕我交友的重点也深交了不少重要的妇女界朋友，而且她很注意我们朋友的动向，努力协助我开展外交工作新局面。

1990年，台湾当局利用哥伦比亚总统换届的机会，企图推动哥伦比亚政府到台北设立官方商务代表处。我们从可靠方面获悉，当时即将卸任的外交部长隆多尼奥对此事原则同意。时间十分紧迫，只剩下三个星期了。如果在新政府上台以前就米已成饭，再交涉就很难了。于是我们决定从几个方面迅速挫败台湾当局的图谋。

当时最重要的关键人物是新任外长哈拉米略（尚未宣誓就职）。可是临时紧急约见这样重要的人物很不容易。怎么办？正在发愁的时候，我夫人杨帆想起了她的老朋友哈拉米略夫人，于是拿起电话便找她帮忙约见她丈夫。夫人工作的影响此时立即生效。当晚7时，我们就见到了即将上任的哈拉米略外长。我们首先向他们夫妇祝贺，他们则用高级威士忌“皇家礼炮”热情招待我们。随后二位夫人上楼聊天，我便向他说明来意，并坦诚地告诉他，如果让台湾当局计谋得逞，势将损害两国关系，对他本人也不利，使他处境尴尬，一上任就遇到棘手问题。我还开玩笑地对他说，那时候我可能要经常去敲他的门，他可能没有那么多“皇家礼炮”来招待我。哈拉米略毫不犹豫地表示，哥伦比亚政府“一个中国”的原则立场绝不会变，也不允许变。台湾方面要来做生意当然可以，但不可以搞任何带有官方色彩的办事处。哥伦比亚新政府要进一步发展同中国的友好关系，他将立即采取措施，使这一阴谋“胎死腹中”

在重要和敏感的外交问题上，为了确保成功，万无一失，往往还需要“保险系数”。在这个问题上的另一个关键人物当然是即将卸任的隆多尼奥外长。我曾试图直接会见他，向他晓以利害，但他的秘书和礼宾司打官腔，要我们写照会提出要求。但时间很紧迫，显然已来不及。这时杨帆忽然想起她同国防部长波特罗的姨妈和姐姐关系很好，不久前她还在一家饭店看到国防部长同隆多尼奥一起进餐。她建议通过国防部长传话和施加影响。由于她同国防部长姨妈的关系很好，我当天晚上就见到了波特罗国防部长。第二天上午波特罗向外长传话，下午就得到了答复：外长请国防部长转告我，他已决定取消原来的计划，卸任前他决不做任何使中国不愉快的事。这件案子处理得比较圆满，有多方面的因素促成，其中无疑有贤内助和夫人外交的一份小小的贡献。

第三部分　初出茅庐篇

常说“弱国无外交”，但这并不是绝对的。正确的战略、政策和策略，如果运用得当，也可以“四两拨千斤”，开创外交工作新局面。

我没有诸葛亮那样的才智，但我有一颗中国人民儿子的心。不论担子多重，我都要挑。一个人不行，“众人拾柴火焰高”。我深信，三个臭皮匠，可以凑成一个诸葛亮。

一、我也得了“冠军”

足球乃体育之王。一个国家人民喜爱足球的状况以及政府重视的程度，往往从一个侧面反映出某种民族精神面貌。

1985年夏季，在北京举行“小金鹰”杯少年足球赛。尼日利亚少年足球队是一支很强的劲旅，一路过关斩将，屡战屡捷，最后进入了决赛。尼日利亚人民酷爱足球，全国都在关注这场比赛，期待着胜利的喜讯。政府体育部长等三人还要专程飞往北京观战。

这是促进两国友好的一次难得的机会。

我召集使馆有关领导及时开会进行了研究和部署。

考虑到时间紧迫，为了让体育部长等三人及时赶到现场，入境时不耽误时间，我们破例给他们全都发了礼遇签证，同时向国内有关部门通报情况。结果，他们下飞机后迅速顺利过关，直奔赛场，就坐时场内正好奏起尼日利亚国歌。三个人喜笑颜开，心里直念叨，中国使馆真好，帮了大忙。

我们请新闻、文化部门的秘书拟好两份热情洋溢的待发贺电。一份是祝贺夺得冠军的，我们认为这种可能性最大；一份是祝贺获得亚军的，我们认为，即使是亚军，也值得一贺。

同时指定专人监听国内广播，一有比赛结果，立即用最快速度把贺电发出。

结果，尼日利亚“小金鹰”夺得了冠军。我，作为中国大使的贺电也获得了“冠军”，比尼日利亚总统布哈里将军发的还早。当天尼日利亚电台首先广播了我的贺电，晚上电视台在广播总统贺电后，接着就播出了我的贺电。第二天各大报刊均在头版显著位置刊登了这一贺电。

少年足球队凯旋时，我是唯一被邀请到机场迎接的外国使节。红地毯和鲜花，使这些尼日利亚的宠儿得到了最高礼遇。机场到处和沿途都可以听到人们欢呼“中国—尼日利亚”，“尼日利亚—中国”。布哈里总统为少年足球队举行的庆功会也特邀我去参加了。会上宣布，政府决定，以每个队员的名字在他的家乡命名一条街，免费供他们上大学。庆功会上，尼军政府领导人纷纷前来同我握手致意，感谢中国对尼日利亚少年足球队的爱护和支持、关心和照顾，感谢中国赠送给每个队员的珍贵礼物——彩色瓷盘上每个队员的头像。

这一天尼日利亚庆祝活动达到了高潮，中尼友谊也随着这一高潮而更深一层地浸入了千百万黑人朋友的心扉。

二、要用银子，更要用脑子

——一篇文章的启示

时值1988年秋，一个偶然的机会，我在一份台湾月刊上看到一篇文章:《要用银子，更要用脑子》。文章着重批评台湾当局长期奉行“汉贼誓不两立”的政策以及单纯用金钱买“外交”的错误方针，提出要尽一切可能争取“外交生存空间”，用银子固然重要，但那是个“无底洞”，更重要的还是要用脑子，要灵活处事。

我曾长期从事形势动态调查研究工作，职业的敏感，使我感到这是个信号。

台湾当局几十年来一直强调“汉贼誓不两立”，在国家关系和国际社会中有他无我，有我无他。这篇文章实际上是认为这种政策早已不合时宜，应该改变。它所谓的“更要用脑子”和“灵活处事”，就是主张摒弃“汉贼誓不两立”的谬论，但要同我搞某种形式的“并立”，含义十分明显。那么它的“代表性”如何？有何重要背景？台湾当局对此持何态度？

带着这些问题，第二天一上班，我就找使馆有关同志讨论、研究，决定抓紧时间深入了解这个月刊有何来头，台湾在哥伦比亚“远东商务处”的反应和活动。

在哥伦比亚，有一对姓徐的夫妇，是亲台势力的头面人物，同大使馆有些联系，早些时候曾表示要邀请我们夫妇去他们家里做客，我们有意稍稍冷了他们一段时间。此时正好利用这一机会摸摸情况，顺便也做做他们的工作。

三天后我们应邀赴宴。主人还请了一位“远东商务处”姓牛的女秘书作陪。女主人介绍说，她也是安徽人，大使的同乡，今晚“偶尔来玩”，如我不介意，可否请她作陪。

席间，我提起了那个月刊，他们似乎很知情，说这个月刊很重要，有“外交部”背景，有些文章实际上是“外交部”某些人化名写的。那位牛秘书想趁机做我的工作，示意我们今后也不要搞“势不两立”，希望我们能“高抬贵手”，给台湾方面一点“出路”。

情况开始明朗化了。我多少带有一点开玩笑的口吻说：我们不是“贼”，但台湾当局倒是“汉”。“汉”者，中国人也。在海峡两岸的中国人间如能实现“一国两制”，就能避免“势不两立”，这也就是“出路”。如果从“势不两立”走向“并立”，你不觉得是从一个“死胡同”走向另一个“死胡同”吗？她好像吃了一闷棍，一时还未完全回过味来。精明的女主人忙上来打圆场，说今晚大使夫妇光临，他一家不胜荣幸，来，让我们敬大使和夫人一杯！主人也是安徽人，后来我们又说了很多家乡的事，但我心里还在想着那篇文章，我好像从“安徽的黄山”看到了“庐山真面目”。

哥伦比亚有个商务外交官协会。1980年中哥建交时，台湾当局被迫关闭“大使馆”，搞了一个非官方性质的“远东商务处”，它的工作人员继续留在这个协会未走。我们使馆商务处官员不断收到该协会的邀请与会通知，一直未予置理。这时我们已了解到，该协会章程有外国商业机构也可参加的规定，意大利、日本和韩国的一些商业机构也是会员，台湾方面是以“远东商务处”名义登记入会的，于是我们决定去看看动向。

当我们商务处负责人李哲生第一次出现在该协会的晚餐会时，受到热烈欢迎。“远商处”的一位林先生也主动过来攀谈。李哲生按照我们事先商量好的方案问他：“你怎么到这里来了？这里是外交官聚会的场所，你有‘外交官证’吗？”林先生听后一愣，但并未争辩，笑着说：“我们都是中国人嘛！在一起有什么不好，何必那么认真。欢迎你光临。”李未同他纠缠，只是一般地表示：“你不适合参加这种活动。”林先生则连声说：“何必如此认真！”从这席对话不难看出，台方人员的态度确有变化，甚至有点“委曲求存”的味道。

经过两个星期的紧张工作，我们对上述情况进行了分析研究，一致认为，这个月刊上的文章和台方人员的态度表明，台湾当局正在调整政策，调整的核心是要争取与我们在国际组织中“并存”和“并立”，即使低我一等也不在乎，其实质是搞“两个中国”和“一中一台”。

这时国内有关方面正在密切注视台湾当局搞“弹性外交”，我们向国内写的报告也及时起了一定的参考作用。

三、阁下，你并不是“超级大使”

美国确有很多的好东西值得我们学习，甚至向往。我也有些美国外交界的朋友，同他们很谈得来，觉得他们比较直率而且多数人比较有见地。说实话，我还是比较喜欢同他们打交道的。但美国也有不少弱点和不好的东西，令人反感或厌恶，甚至不能不坚决反对。

试举一例。美国驻哥伦比亚大使麦某，每次外出总是前呼后拥，其保镖和警卫的车辆总是把行人的车辆挤开为他让路。我的车辆就两次遇到这种情况。很多人对此不满，甚至愤慨。在一次世界银行代表举行的晚宴上，我开玩笑地对这位美国大使说，我的车辆已两次被你的保安车辆阻停，如再发生这类事件，我将让司机鸣笛抗议。他装模作样，反问我说：“真有这种事吗？请告诉我何日何时何地，我一定要好好教训有关人员。”我还是开玩笑地说，阁下，你们加强安全保卫，我们可以理解，但请你自己首先搞清楚，你并不是什么“超级大使”。他的态度还比较好，说：“那以后我一定注意，一定注意。”

这类事例，不胜枚举。如，一个大使拜会美国大使，车上明明挂了国旗，也照样不得入门，得停在院外，大使本人得下车步入院内，经安检后才放行入内。这不仅是缺乏起码的礼貌，简直是一种人格污辱。

我在尼日利亚时就曾遇到这种情况。在美国大使馆门口纠缠了很久，才“破例”让我进去了。更有甚者，政治上他们总喜欢指点江山，好像中国的天安门要换上一个美国的自由女神像的复制品他们才开心，才算中国有了民主和自由。我坦率地告诉美国的外交官，我国政府十分珍视民主自由，我们愿意学习一切国家（包括美国）的先进东西，但这一切只能按照中国的国情办。50年代中国有人认为苏联一切都好，什么都向苏联学习，结果吃了大亏。现在中国也有些人认为，美国一切都好，什么都要向美国学习。美国确有不少好东西，但如果一切照抄美国，也同样要犯错误。我们很尊重美国的自由女神，但如果把自由女神像搬到天安门广场取代天安门中国领导人的地位，这是中国人民无法接受的。我也对拉美国家的一些外交官说，试想，如果将自由女神像拿去取代他们国家广场上的拉美伟大解放者玻利瓦尔的像，拉美人民能接受吗？他们几乎是异口同声地表示，那绝不可能，那简直太欺侮人了。

可见，强权和霸道是不得人心的。人间正道是相互尊重，平等相待。

四、将军的友谊和义气

我国地矿部国际经济技术合作公司20世纪80年代进入西亚和非洲市场，并逐步取得了很好的声誉。1987年尼日利亚北方干旱地区某州政府有一项难度很大的打井取水工程，共525口井，准备公开招标或议标。我国地矿公司凭着自己的技术优势和丰富的打井经验，力争夺标。但对手很多，竞争十分激烈。而且大家心里都明白，能否最后夺标，往往不完全取决于技术水平和报价，有时候，活动经费和佣金也起着重要作用，甚至起决定性作用。

怎么办？我和经济参赞陆鸿飞同志同我公司代表进行了全面的分析和研究。我们首先算了一笔账，这工程如按保本薄利原则报价，大约525万美元。如活动费和佣金按5%—8%计算，要花去25万—40万美元。这样一来，利润就更微小了，而且，最后万一夺不到标，还要赔钱。

我深知投标和夺标的难度，有时钱真能通“神”，但我也并不相信“金钱万能”之说。世界上有许多东西是金钱无法买到的。国家的友好关系和私人友谊在一定条件下可起决定作用。

这时候我在尼日利亚工作已两年，交了不少朋友，这个州的州长A将军就是其中的一个。我不敢说他不爱钱，但他为人正直，很讲义气。我经过详细的分析，认为在两国关系相当友好这一大前提下，如果我们把工作做到家，有可能少花钱，通过议标方式承包这项工程。

在陆参赞和公司代表的支持下，我们制订了详细的“作战方案”。公司按保本薄利原则积极准备投标，争取议标。陆参赞和公司代表立即行动，次日即奔赴该州进一步了解情况，并代我口头邀请A将军夫妇到我使馆做客。他们三天内就完成了任务，得悉该项工程采用议标的可能性很大，决策人物是A将军。A将军下周将到首都开会，愿来做客，不过届时州政府各位局长也都在首都，试探我可否全请，给他一个面子，让他的同僚也能都尝尝中国菜。

我们破例准备了最丰盛的中国饭菜和茅台酒，整个晚宴气氛热烈、友好，事实上变成了大使馆和州政府的官员们的一次联欢会。我国地矿公司的代表也出席作陪，但自始至终我们有意只字不提工程项目的事。临别时，酒足饭饱的A将军带着满意的神情主动表示，以后有事愿“随时效劳”。

一周后，我和陆参赞应邀访问该州。事先，我们了解到A将军还有个爱妻和两个可爱的女儿，摸清了他们的爱好。于是我们精心为每个人准备了一份礼品，除了栩栩如生的织锦台布、做工精巧的珠包和阵阵飘香的檀香扇外，每人都有一块他们向往已久的上好的中国丝绸衣料。当晚我到A将军家做客，当他们打开礼品盒时，简直高兴得跳了起来，一片惊讶与赞美之声。A将军也为之所动，说中国大使考虑得真周到，好像知道我的妻子、女儿最喜欢什么东西似的。

由于事先获悉A将军近期将率六人代表团访问我们的一个邻国，经事先请示，我正式邀请他率团顺访中国。他非常愉快地接受了邀请，并说我们的邻国已替他们买好了往返机票，我不必负担国际旅费了。

访华期间，国内根据我们的建议，热情接待，精心安排，礼遇也很高。人大常委会副委员长黄华、中非友好协会会长宫达非和地矿部长孙大光也分别会见了他们。A将军非常高兴，满载友谊而归。

这时，我地矿公司已按预定计划正式向州政府提出议标承包该工程项目的要求和初步报价。A将军听说后马上指示说，中国大使重友谊，我们不能不讲义气，这个项目不搞招标了，就给中国公司承包吧。

就这样，我们总共只花了不到两万美元的活动费就把这个项目拿到了，从一开始就节省了至少二十多万美元。当然，我们有关人员付出的心血是无法以金钱来计算的。

1988年我到哥伦比亚当大使，该公司还写信向我“汇报”情况，说该项目后来又有不少附加工程，他们全承包了，进展很顺利。干旱地区老百姓喝到我们打的井水，对中国的称赞几乎是有口皆碑。公司艰苦奋斗，赚了不少钱，为进一步开创在国外的业务打下了良好的基础。

五、青年人的闪光思想

当我初入外交之门，年纪还轻的时候，我深深感到“霜叶红于二月花”，要不断向长辈学习。在我担任使馆领导工作以后，我又有另外一种感受，往往觉得“青出于蓝胜于蓝”，在我领导和帮助青年外交官的同时，需要认真向他们学习，以弥补自己因逐渐年迈和老化而可能产生的新的不足，或丰富自己的思考和观念。有两件“小事”给我留下了深刻的印象，至今难以忘怀。

“一场没有枪声的战争”——1985年尼日利亚军政府开始实行开放政策，当时在国际上是比较少的，斗争十分激烈。在调查研究中，我们清楚地看到，本国民族企业家同跨国公司及其代理人的合作和矛盾，工厂主同工人的矛盾都在发展。这种改革在政治、经济总体的含义上到底意味着什么，是更加有利于民族经济发展和独立，还是将更受西方发达国家的控制，是一个非常严肃的问题，它影响和冲击着各派政治势力，在相当大的程度上决定着国家的命运和前途。当时有一位来使馆不久的青年外交官，在讨论中发表了很好的见解。他概括地说，这实际上是一场“没有枪声的战争”。我深受启发，认为这是青年人的闪光思想，概括得很好，很值得称赞。后来就请他以此为标题向国内写了一份报告，受到有关方面的好评，某通讯刊物还全文刊载了它。后来，苏联解体和东欧剧变，以及某些国家的动乱都证明，在某种意义上来说，20世纪80年代中期一部分国家先后开始的改革，确实经历了一场“没有枪声的战争”，有的甚至还有枪声。

“要让雄鸡在尼日利亚长鸣”——我国福建“雄鸡牌”蚊香是在非洲的畅销产品，具有相当优势。蚊香在国际市场上有几百种之多，但非洲尤其是尼日利亚老百姓就是喜欢我国这种“雄鸡”牌蚊香。尼日利亚是非洲大国，疟疾流行，每年死于疟疾的人数达近百万之多，可想而知，对蚊香的需求量是多么巨大，是我国蚊香的一个很好的销售市场。与此同时，有不少国家也看好这个市场。于是展开了激烈的竞争。一些国家开始在尼办蚊香厂，取得民族工业或合资工业的优惠待遇，致使我们的名优产品的销售受到影响，很难进一步打开局面。为此，我们认真讨论了“怎么办”的问题。这时商务处一位年轻的三等秘书明确指出，鉴于我国产品在尼日利亚经营多年，深受欢迎，有此成果来之不易，我们要巩固和发展这个市场，就应该来尼日利亚办厂，深入持久地扩大我们的地盘和影响，“要让雄鸡在尼日利亚长鸣”。这一发言有思想，有观点，语言也很生动，得到与会者一致好评。后来我们就请这位青年以这句话为标题，向国内写了报告，得到当时部领导的称赞。

六、“我等的就是这一句话”

尼日利亚是个有着一亿多人口的非洲大国，每五个非洲人中就有一个尼日利亚人，20世纪60年代因发现和开采石油而迅速发展起来，成为黑非洲的“首富”。很多中国人到这里来“淘金”和创业，其中不少是港、台的企业家，他们大多很爱国，同大使馆来往比较密切，但也有不同寻常的例外。

当时使馆内部盛传，有位姓李的企业家，据说是李鸿章的后代，国民党政府曾任上校军职，是位舰长，是个“坚决反共分子”。他的几家工厂均有他的指令：凡进入中国大使馆的员工，立即“炒鱿鱼”（开除）。一天，中国使馆的几位工作人员去他工厂办事，他立即通知门卫：大门紧闭，恕不接待。

有一次，我国一位高级外交官在一个偶然的机会与他同机而行，而且是“冤家路窄”，正好坐在相邻的座位。随便聊天之中，这位外交官问他过去是做什么的，他毫不客气地说：“打共产党的！”这位外交官又说：“您出来大概已很多年了，希望有机会时回大陆看看。”他针锋相对，说：“希望阁下也能去台湾看看。”后来我又从侨胞中听说，此人反对“台独”，对美国干涉我国内政也很反感，认为中国人的事应由中国人自己来解决。

于是，我同政务参赞周扬同志对此人进行了全面的分析研究，认为他是个颇有影响的、有特异性的人物，应有针对性地对他多做些工作。

周参赞按计划进行，做“先行官”，打了几次“接触仗”，试探他的反应。

他不愿意到使馆来，但表示愿同周参赞做“私人朋友”，请周参赞赴他的家宴。逢年过节，他派人给使馆送礼品。事实上，他也在观察我们的态度，试探反应。有一次，他忽然问周参赞：“如果我请王大使吃饭，他会不会来？”周参赞已了解我的意图，当即表示：“估计会来。”

我高兴地接受了邀请，他盛情接待。他公司董事会的主要成员几乎全部出席作陪。此人作风豪爽，热情好客，很注意排场和面子。酒过三巡，他说：“我不赞成你们共产党，但我赞成你们提出的‘三通’。我也坚决反对美国人干涉我们中国的内政。”我抓住机会，当即表示：“我们虽是初交，但从你这些谈话来看，你还是相当爱国的嘛！”他听后立刻高兴地起身举杯说：“王大使，多少年来我就是等这一句话！来，让我们共同干一杯！”他一饮而尽。毕竟是血浓于水，一字千金，好像把往日的怨恨和敌意也一同化解了。我当时也颇有“本是同根生”的感慨。人是可以变化的，但要多做工作，特别是要敢于做那些反对过我们、但现在同我们有某些共同语言的那些人的工作，增进了解，消除敌意，培养感情，促进友谊，争取为实现祖国统一大业添砖加瓦。

后来，这位李先生对我们十分热情友好，邀请我们夫妇和使馆人员到他的工厂去参观，相互间时有礼尚往来，他对祖国的日新月异的变化也有了不少了解，他本人虽未来过使馆，但他回过大陆。百闻不如一见，亲身感受使他改变了态度，他不再对人说他以前是打共产党的人了，他工厂的员工也可以来使馆而无被“炒鱿鱼”之虑了。

我同李先生的交往迅速在尼日利亚的首都拉格斯的华侨中传

开。一些对我们有过不友好行为而心存疑虑的侨胞说，像李先生那样的“反共大人物”，中国大使馆都既往不咎，那我们还有什么问题！此后，主动来同我们交往的港台同胞显著增多。

七、“你们百年后一定会上天堂”

非洲疟疾猖獗，每年得病人数上亿次，死亡人数近百万。一亿多人口的尼日利亚患疟疾和因此而死亡的人数也相当大。蚊香只能起到一定的预防作用。青蒿素是我国发明和独有的治疟疾有效针剂。为了帮助尼日利亚人民从疟疾的死亡威胁中解脱出来，我以大使身分向尼日利亚卫生部门进行了深入的介绍，在联合国儿童基金会组织的资助下，从中国请来一个医疗组。我在会见他们时以开玩笑的口吻对他们说，如果你们搞成功了，你们将把数以万计的尼日利亚人民从疟疾的死亡威胁中拯救出来，“你们百年后一定会上天堂”。他们都会心地笑了。他们同尼日利亚的医务人员一起，配上使馆一名青年外交官兼翻译，在一个疟疾多发地区，非常艰苦地日夜工作，进行了两个多月的临床实验，用青蒿素和奎宁同时分别对甲乙两组共六十人进行治疗，对比疗效。最后，共同写出了一份报告，证明我国青蒿素的疗效在任何方面都优于奎宁，而且副作用极小。

我们本想趁此机会打开青蒿素在尼日利亚的市场。后来我离任了，听说由于西方某些既得利益集团的阻挠和破坏，也由于我方缺乏有力的后续工作，也缺乏办法，这件事就长期搁浅了。

1991年我国国家医药管理局某位领导打电话告诉我，我国这么好的青蒿素现在却成了“嫁不出去的老姑娘”。我听了真是伤心，也担心那些辛勤工作的医生可能再也上不了“天堂”。

八、“美国怎么办？”

在20世纪70年代最后的日子，苏联大举入侵阿富汗。当时人们普遍认为，这是苏联“软肚皮突破”，向印度洋南下的重要战略部署。这一事件在西方，特别是在美国引起一片慌乱。

美国如何应付这一局面？是搞妥协、偏安，还是加紧遏制？在这一新形势下，把中国放在什么样的地位？如何看待和处理同中国的关系？西方的政治家、专家学者和舆论纷纷亮相和献策。众说纷纭，莫衷一是。

因为这一事件直接牵涉到我国的切身利益和安全，可以想像，中央对此十分关心，特别是需要及时了解当时西方舆论动向及其对美国决策的影响。

这时我正在新闻司分管形势调研工作，深感这一问题的分量。我们全处同志24小时值班，密切跟踪形势。我两三天没回家，阅读了近百篇各种报刊评论以及美国各派势力的大量言论，在同事们的大力配合和支持下，以最快的速度写出了一篇综合情况反映——“美国怎么办？”全文不到一千字，分清了主要倾向和次要倾向，突出了认为美国要更加重视和发展同中国关系——打“中国牌”的主张。一目了然。司领导略加修改提高后即予批发，印了80年代第一期《新情况》简报。这个简报受到当时有关部领导的称赞，认为很有参考价值。全处同志都深受鼓舞，觉得我们从事的动态调研工作是很有意义的，它可以直接为外交工作和政策的决策服务。

九、中国绝不会吞下这颗“苦果”

中美建交后，双方在美国售台武器问题上存在着严重分歧。1982年，这一矛盾和斗争达到相当尖锐的程度。中央和外交部领导十分关注美国在这方面的动向。当时美国有一家报刊发表了一篇评论，认为我国因为害怕苏联威胁，有求于美国，到头来还是不得不吞下美国售台武器这一“苦果”。

由于司领导经常向我们吹风，我和处里同志大体了解中央在这一方面的基本方针以及有关考虑和关切，一看此文就知道它的重要和代表性，迅速把这一评论摘要上报部领导和中央，题目的大意是：中国不得不吞下这颗“苦果”吗？邓小平同志阅后立即指示外交部副部长章文晋第二天在北京机场为美国国务卿送行时明确告诉他，要想让中国吞下这颗“苦果”，没门！（大意如此）这是我们全处同志在从事动态调研工作中遇到的一大快事，它不断鼓励着我们为了开创外交工作新局面而努力，要做好外交战线上的雷达兵，随时向上级反映我们发现的新情况和新问题。

十、再谈一字之差

——苏联加速解体对中国的利弊和影响

1991年“8·19”事件后，苏联加速解体。对这一重大历史性变化，当时的反应真可谓“几家欢乐几家愁”。有的弹冠相庆，有的忧心忡忡。其时，很显然，我国面临着十分严峻的国际形势。西方舆论大肆渲染社会主义制度已经“寿终正寝”、“中国十分孤立”。许多外国朋友也很担心，社会主义中国在新的国际形势冲击下能否站得住。我们国内在一部分人中也出现一定程度的悲观情绪。

如何正确领会邓小平同志关于“冷静观察，沉着应付”的方针，切实认清苏联解体对我国的影响和利弊，是我们外交人员在新的历史时期必须弄清的重大问题，否则就谈不上站稳立场和掌握政策，也不可能搞好对外宣传，正确地代表中国的形象。

我当时在哥伦比亚任大使。我们全馆动员，花了三个月的时间，有意识地在驻在国各界朋友中作了广泛而深入的调查，了解和研究苏联解体对我国的影响和利弊。经过分析和对比，逐步取得了共识。

我们比较清醒地认识到，形势确实很严峻，出现了一些新的不利于我国的因素，认为在这种形势下，我们外交人员更需要站稳立场，认真对待，迎接挑战，做好长期斗争的准备。

但我们同时更认为，困难也不是像有些人说的那么严重。

首先，苏联解体是由于它长期（特别是后期）推行的并不是真正的社会主义，而我国一向强调，马列主义必须同中国革命的实践相结合，早就同苏联不一样。我国的改革开放从一开始就把握着正确的政治方向，强调必须同中国国情相结合，建设有中国特色的社会主义。苏联解体并不意味着真正社会主义的终结，中国这颗红星并未泯灭，而且仍在闪烁，生机盎然。

其次，当时我们还认为，即使苏联完全演变成资本主义国家，也未见得比追求世界霸权主义的超级大国的苏联对我国的威胁更大，相反，将大大有利于解除对我国的军事威胁，并迫使几个重要的邻国不得不调整它们对我国的政策，改善同我国的关系，有利于我们打破包围圈，建立稳固友好的周边关系。

第三，我们在第三世界的地位比过去更加举足轻重。广大第三世界国家，特别是原来比较亲近苏联的国家，现在转而寄希望于我国；原来比较中立的或比较接近美国的国家，现在也因世界力量对比失衡，担心美国独霸天下形成对它们的不利影响和威胁，也希望我国发挥制衡作用。因此，我们在外交上有不少新的有利因素和更大的回旋余地。

第四，西方在对我国保持压力和搞和平演变方面有着共同利益和一致目标，这是对我国不利和困难的一面，但他们的当务之急是“消化”苏联和东欧，在相当长的一个时期内很难腾出手来集中力量对付我国；它们之间由于力量对比变化和自身利益，都要竞相争夺中国市场和运用中国的影响，因而在处理同我国的关系上态度不尽一致，且各有打算，相互矛盾以至斗争，这也为我国提供了回旋余地和可以利用的因素。

因此，我们的结论是：形势发展对我“未见得不利”。这是针对“不利论者”和“悲观论者”而说的。但我们有的同志想调和一下，加个“都”字，即把形势发展对我“未见得不利”改为“未见得都不利”。这一字之差，反映了当时两种完全不同的观点。后者实际上仍是强调困难是主要的，只是提醒大家注意还有一些有利因素而已，前者则恰好相反，认为希望大于困难，机遇大于挑战。

后来，我们在一个报告中还是使用了“未见得不利”。我们“推敲”再三，认为不能让一个“都”字把整个报告的中心思想否定了。

第四部分　亲历篇

外交是一个国家政治意愿和国策在国际上的“软实力”行为，对外交官是严肃的挑战，同时，也是一个五彩缤纷的舞台。

李清照出神入化的诗云“夕阳无限好，已是近黄昏”；朱自清的诗境界更高——“但得夕阳无限好，何须惆怅近黄昏”。

现在时代不同了。我们新一代知识分子想得更多，看得更远，我们的时代之歌是：“幸得夕阳无限好，更喜朝霞向天歌。”我们希望年轻的一代“青出于蓝胜于蓝”，为中华民族谱写更加美好的明天。而我们自己的心态是：“年在古稀之上，心在花甲之下。”我们要继续和年轻的一代一起，为中国的伟大复兴而奋斗。

一、我与女总统及其家族的情缘

（一）一个电话使我彻夜难眠

1996年4月，我同一些外国朋友以及我国驻外大使，正在黄山与当地领导探讨开展友好城市和扩大贸易往来的可能性，并欣赏那里诱人的初春景色，忽然接到外交部有关部门的电话，通知我说，斯里兰卡（1972年以前叫“锡兰”）总统库马拉通加提出，在对我国进行国事访问期间，希望能有机会见到我，现已安排在22日中午，要我及时赶回北京。

这时已是20日夜里，我只好收拾行装准备次日回去。提前离开我深深爱着的故乡黄山，确是一件憾事；但能见到我个人有着特殊经历和感情的友好国家的总统，也真是一大快事和荣幸。

22年了，她怎么还能记得我这个很普通的外交官？

一个电话，引起我很多的回忆和感慨。我一向是个很容易入睡的人，几乎是落枕就着。可是这一晚我彻夜难眠。我不禁想起我同初婚不久的妻子第一次到达锡兰的情景；想起女总统的父亲所罗门·班达拉奈克是如何倒下去的；想起她母亲班达拉奈克夫人如何毅然走出厨房从政；想起周总理和宋庆龄同她父母的友谊；想起我国佛牙在锡兰受到欢迎的动人场面；想起“格瓦拉叛乱”曾经带来的困扰；想起我已故妻子陈依弥生前同她母亲的亲密关系以及后来不幸逝世于斯里兰卡的悲伤情景……

这一幕一幕，一点一滴都凝聚着中斯两国和两国领导人之间的深厚友谊，也反映着我们夫妇同库马拉通加总统及其家族的情缘。

（二）一开始就沉浸在友谊之中

我和陈依弥同志结婚不久，便被调往筹建驻锡兰使馆的工作。1957年5月，我们作为第一批外交官，随同我国首任驻锡兰大使张灿明，经香港乘“维多利亚号”游轮，到达锡兰首都科伦坡——我们外交工作的处女地。

锡兰的风光着实迷人，但锡兰人民向我们展示的两大朵历史性的友谊之花更使我们激动，使我们忘记了将近九天的漫长旅程带来的疲劳。

从港口码头到我们的临时驻地，不断看到锡兰老百姓向我们伸出大拇指，用非常简单朴实的语言，连声欢呼：“周恩来！”“中国大米！”我们因熟悉情况，也伸出大拇指呼应说：“班达拉奈克！”“锡兰橡胶！”

所罗门·班达拉奈克是库马拉通加总统的父亲。他1956年出任总理后开始调整外交政策，改变了政治上对社会主义国家怀疑和不友好的态度。1957年1月31日至2月5日，周总理和贺龙副总理应他的邀请访问锡兰。2月5日两国总理发表了联合声明强调：两国将遵守并促进实施万隆会议关于各国共处和合作的各项原则；反对敌对性军事集团，支持裁军；加强亚非国家团结；反对帝国主义和殖民主义的侵略和扩张；主张国际争端应通过相互谅解和和平谈判求得解决；支持埃及和西亚地区各国人民按照自己的意志决定自己的命运，反对强权政治的延续和强国填补真空。访问结束后，2月7日中锡两国正式宣布建交。从此，两国关系开始了崭新的一页。

访问期间，给群众的印象最深、后来传为佳话的是，周总理在庆祝锡兰独立九周年的大会上发表讲话时，忽然下起大雨来。出于友好的爱护，工作人员立即为周总理撑起了伞，但周总理婉言拒绝了，说数万群众听他讲话，遇大雨而不散，几乎都没用伞，他不忍心独享特殊待遇。见此情景，在场的锡兰领导人和会场有伞的群众也都把伞收了起来，群众情绪立即高涨，很多人欢呼："周恩来，伟大！""周恩来，真了不起！"我们正是在这个日子的一百天之后到达锡兰的。锡兰人民不断伸出大拇指欢呼"周恩来"，把周总理和班达拉奈克的名字联系在一起，我想，除了政治上肯定他们对两国友好关系的伟大贡献外，显然也带有浓厚的感情色彩。

"中国大米"和"锡兰橡胶"在锡兰是有口皆碑的事。朝鲜战争爆发后，1952年（当时两国还未建交），锡兰政府冒着很大风险，冲破美国对我国的封锁禁运，毅然同我国签订了大米与橡胶易货贸易协定，大大缓解了我国的燃眉之急。我国也以优惠价格及时向锡兰提供了他们急需的大米。"患难见真知。"此后，长年累月，大米和橡胶一直紧紧地把两国人民的生活和他们的心联系在一起，为两国在新的历史环境下的友好关系奠定了坚实基础，人人称颂。

以上这两个真实的故事，犹如两朵友谊之花，盛开在20世纪50年代冷战和地区热战交织以及反帝、反殖和民族独立运动蓬勃发展的时期，至今人们仍记忆犹新，难以忘怀。它是开不败的，永远激励着两国人民友好互助，情同手足。正是由于这两朵鲜花的开放，我们一踏上锡兰国土，就沉浸在友谊之中，很多事办起来都比较顺利。我们的大使破格提前呈交了国书，我们的馆址和住处很快得到了解决。连我们孩子在首都一家医院诞生后也备受欢迎和照顾，医生和护士都主动打电话到使馆祝贺，说锡兰又增添了一个“中国小朋友”。为了纪念我们在锡兰的工作、生活和友谊，几年后我们就把新诞生的女儿取名为兰涛。

（三）历史的讽刺与悲剧

1959年9月，我国武汉杂技团首访锡兰，我作为联络兼翻译，全程陪同。杂技团精湛的表演艺术，特别是著名演员夏菊花的咬花柔软体操表演轰动了全岛，吸引着千万观众，场场爆满。锡兰各大报刊竞相追踪报道和评论。锡兰群众虽不狂，但好似已醉，每天排队买票的队伍总是长长的，络绎不绝。

正在这十分欢乐和“等待下一场表演”的时候，9月25日，忽然晴天霹雳，传来意想不到的噩耗：班达拉奈克总理被一个大和尚枪击，身中数弹，生命垂危，医院正在抢救。

班达拉奈克是一个虔诚的佛教徒，每遇高僧，他总是要行九十度以上的朝拜礼或跪拜礼，以示尊重。这一天，正当他行朝拜礼抬身时，被朝拜的大和尚在近距离从黄袍袈裟内开枪，向他胸部连击，班达拉奈克立刻倒在血泊之中。在医院经紧急抢救无效，班达拉奈克于次日与世长辞。他万万没有想到，一个佛祖的忠实信徒竟然被佛祖的“代表”——一个高僧杀害了，而且是选择在朝拜后者的时候，这真是历史的讽刺和悲剧。

其实，事件并非出自偶然。它是有明显政治背景的，是有预谋的。

班达拉奈克出身于名门贵族，英国牛津大学法律系毕业，获伦敦内殿法学会高级律师资格，曾在英国殖民政府当过部长。他早在留学英国期间，就开始表现出爱国主义热忱。据传，他为表示反殖民主义的决心，曾当众焚烧了他身上穿的西装，改穿民族服装。他出任总理后，一改过去政府亲英政策，对外奉行和平中立、反对殖民主义的外交政策，维护民族独立和国家主权，与中国和苏联建立外交关系。对内实行国有化政策，把外国人的橡胶园和茶叶种植园收归国有，撤除英国在锡兰的军事基地。英国和亲英势力视他为“叛徒”，必欲除之而后快。一切有普通常识的人都知道，宗教徒可能是一片赤诚，但宗教势力同社会经济利益是密不可分的，也不可能同政治无缘，少数宗教界败类也可能被收买而干出不可告人的可耻勾当。班达拉奈克被暗杀的悲剧正是在这一背景下发生的。

我当时是使馆的一名职员，主要是从事调查研究工作，见到班达拉奈克的机会不多，但工作的性质从一开始就把我同他这位锡兰的爱国主义领导人的思想和活动联系在一起。他被刺身亡前不久，我曾有幸在总理府花园（TEMPLE TREE）见到他一面。当时铁托总统来访，班达拉奈克为他举行盛大招待会。我作为张大使的翻译，第一次出席这样的场合，颇有一点兴奋。但更令我神往的是周总理的新朋友——班达拉奈克本人。他身材瘦弱、矮小，双目炯炯有神，语言简练、明快，动作敏捷、果断，对人十分和蔼可亲。他同张大使谈话时十分强调与周总理的友谊，以及他对新中国的敬仰，说他邀请铁托访问表明，锡兰一定要走不结盟的道路，赞同和平共处五项原则。没想到这竟是我第一次，也是最后一次见到这位锡兰伟大的爱国者。也没想到，后来他的妻子和女儿先后做了总理和总统，我同他的家族中很多成员建立了更加紧密的联系。两国关系也发展得更快、更好。

为了对班达拉奈克被害表示沉痛的哀悼，杂技表演全部停止了，使馆的国庆招待会也取消了。班达拉奈克安葬的那一天，我们大使馆很多同志也都不禁洒下了同情的眼泪。

（四）班夫人走出厨房，毅然从政

一个伟人倒了下去，另一个更坚强的女人站了起来。

西里玛沃·班达拉奈克（我们内部亲热地称她为“班夫人”）原是大家闺秀和家庭妇女，从事一些社会活动，曾担任过锡兰妇女协会主席。她丈夫被害后，在全国人民广泛要求和支持下，毅然决定走出厨房从政。1960年5月出任自由党主席，7月该党在大选中获胜，她随即出任总理，直至1965年。1965年至1970年她担任反对党领袖。1970年她再次出任总理，直到1977年。

执政期间，班夫人继承夫志，但又不拘一格。在内政外交以及同我国关系方面都大大向前迈进一步。

对内，她积极发展民族经济，实行激进的民主改革，对英国种植园和英、美石油公司实行国有化。同时，开展粮食生产运动，争取国家粮食自给自足。为此，她实行土地改革，推行土地限额，自己率先交出了3000英亩土地。

对外，她坚决奉行不结盟政策，反帝反殖，先后五次参加了不结盟国家首脑会议，同铁托、纳赛尔等领导人建立了十分紧密的关系，对不结盟运动起了积极的推动作用。她明确批评美国，要求美国停止对越南的侵略，反对美国扩建迪戈加西亚军事基地，拒绝“美国之音”在锡兰建立转播站。她虽赞扬前苏联的经援，但对其扩张政策也表示不满，曾谴责苏联侵略捷克。她拒不执行两国渔业协定，私下对人说，苏联不是要来捕鱼，而是要来“混水摸鱼”。她坚决废除了殖民主义宪法，成立了共和国，结束了同英国的自治领关系。

在她两次执政期间，同我国的关系有了较大的发展。她先后三次访华。周总理和陈毅元帅，还有宋庆龄副委员长，1964年也先后访问锡兰。班夫人非常尊敬和钦佩周总理。她多次称赞我国对锡兰的经济援助和贸易上的照顾。对我国援建班达拉奈克大厦尤为感谢，称它是“从中国获得援助、同情、谅解的无与伦比的范例”。她1972年访华后，进一步加深了对我国的了解和信赖，回国后多次谈要学习中国自力更生精神和建设国家的经验。她还说，中斯关系是“友好合作的范例，国与国关系的榜样”。

在班夫人1962年和1972年两次访华期间，我妻子陈依弥有幸参加接待工作。1964年，陈依弥又作为宋庆龄的生活秘书兼翻译陪同访问锡兰。她亲身经历了两国领导人之间的友好往来，并同班夫人多次接触。她私下对我说，班夫人真是个了不起的女人，堪称锡兰的“巾帼英雄”，在哪一方面都不比老班达拉奈克逊色。

（五）迎佛牙以超元首之礼

佛牙是佛教的圣物。对于佛教徒来说，见佛牙如见佛祖，是一生最大的荣幸。锡兰是个以佛教为主体的国家，广大佛教徒极盼瞻仰中国珍藏的佛牙。考虑到这一强烈的愿望和班夫人政府的要求，周总理亲自批准组团护送佛牙到锡兰供瞻仰。那是1961年6月，以喜饶嘉错为团长、赵朴初为副团长的护侍佛牙代表团乘专机飞往锡兰。

佛牙抵达的当天，锡兰全国放假，班夫人率领全体内阁成员，还有总督——英国女王的代表，一早就提前到机场恭候，机场内外，人流如潮，几乎是水泄不通。我们夫妇随同张大使和使馆人员也在贵宾室陪同恭候。

这时，锡兰空军已做好准备，载运佛牙的专机一进入锡兰领空，六架飞机立即飞迎护卫。飞机落地停稳后，机门开处，代表团正、副团长护持佛牙一步一步走下舷梯，踏上红地毯。此时只听礼炮轰鸣。我数了一下，真的是二十一响。接着，班夫人和总督及全体内阁成员、三军负责人，立即五体投地朝拜，数十万群众也都跟着下拜。登时机场一片庄严肃穆，然后是一片欢腾："我祖佛牙！锡兰—中国！"

这种礼遇是任何一个国家的元首都不可能完全得到的，是实实在在的超级元首礼遇。佛牙到达后，锡兰全岛轰动，如同过节一般。先后有三百多万人有幸朝拜了这一圣物。我因为学了一点当地语言，这一期间也跟着忙得不可开交，亲眼看到了班夫人及其家族成员以及锡兰其他领导人对佛教的虔诚，看到了锡兰人民笃信佛教的热情，感到了宗教巨大的魅力，以及宗教自由之必需。人们有权可以不信教，可以不赞成和不鼓励信仰宗教，可以是无神论者，就像我们夫妇一样，但人们必须尊重宗教，尊重别人信教。这就是我们两个年轻外交人员当时的感想。

（六）两个"忘年之交"

1971年初，我和妻子陈依弥"二进宫"，第二次到驻锡兰（这时已快更名为斯里兰卡）大使馆工作。我担任研究室主任，她负责办公室礼宾、文书和高级翻译工作，兼管处理军援事务，斯里兰卡军方戏称她为"女武官"。我们夫妇此时在使馆工作已独当一面。我们配合默契，共同交了很多朋友，特别是班夫人家族成员，如她的弟弟、私人秘书拉特瓦特，她的贴身秘书、大女儿苏尼特拉，她的儿子、国会议员阿鲁拉，她的小女儿钱德里卡小姐（即后来的库马拉通加总统）。

这时钱德里卡小姐早已是一个开始成熟的女青年，刚从法国留学回国，说一口非常流利的法语和英语，在政府从事农业发展方面的工作。我因当时正在业余学习法语，并正在研究斯里兰卡的社会和农业问题，同她的共同语言较多，好像一见如故，很快成了"忘年交"。我们相约，每星期我去她家（总理住宅）一次，她先教我法语，然后我教她几句中国话。每次她都十分认真地教和学，然后热情款待，与我畅谈国家大事，纵论国际形势。我很快发现她知识丰富，才华横溢，对政治问题很敏感，看问题尖锐，为人诚恳、坦率。有一天，在一次晚宴上，她正好坐我左边。她忽然问我说："美国中央情报局和苏联克格勃在斯里兰卡活动很厉害，到处钻营奔走，搜集情报，你们中国使馆看来不怎么活动，这样如何能掌握情况，处理好问题？"我说，没有一个使馆不需要及时了解情况，但国家的制度不同，政策就不同，了解和搜集情况（西方叫"情报"）的手段、途径和方式当然也就不一样。我们如果感到有什么问题不清楚，我们就会去找你舅舅和姐姐，有时也可能去找你或其他有关官员问个明白。她非常聪明，一点就通，会心地笑了。

说实在的，我同她的"忘年之交"在学习语言上面，我确实受益不浅，但更重要的是增进了友谊，她帮我熟悉和了解到很多在一般情况下不太可能知道的问题和动向，对使馆及时准确地分析情况和处理问题，促进两国友好关系，起到了很好的作用。南斯拉夫一位外交官曾问我：你去学法语是不是"醉翁之意不在酒"？我明确地告诉他说："在酒！"其实，在不在"酒"，有外交经验的人心里都很清楚，"醉翁之意"在于"交友"。

另一个"忘年之交"是我妻子陈依弥同班夫人的关系。班夫人第二次出任总理时，身体不太好。应她的要求，我国政府派了包括针灸、心脏和神经三方面专家的医疗组到斯里兰卡为她治病。陈依弥因为是女外交官，英文又比较好，办事较方便，当时便充当了联络兼翻译。由于陈依弥认真负责，对班夫人精心照顾，很快便成了班夫人的“忘年之交”以及“身份显赫”的女友，经常出入于总理府和总理官邸。班夫人几乎把她看成是自己的女儿一样，有时情不自禁地向她吐露家庭乃至政府工作方面的烦恼和打算，甚至还问“该怎么办好”。班夫人还特地向门卫交代，陈女士去她那里，无须事先约会，凭身份证便可随时进入。

我们夫妇同班夫人母女之间的这种“忘年之交”，说起来很平凡，但从这种“平凡”中，人们不难看到中斯两国友好关系根基之深的一个小小侧面。这个侧面的出现，需要有良好的机遇，也需要有精心的培育，以及外交官个人满腔热情的追求。

（七）“格瓦拉叛乱”引起的风波

斯里兰卡是印度洋上的一颗明珠，素有“和平绿洲”之称。不幸，1971年秋天爆发了一场“格瓦拉叛乱”。班夫人政府宣布全国处于紧急状态。在这种“非常时期”，国与国之间的关系，以及人与人之间的关系，都可能发生突变，都不可避免地要经受考验。但长期沐浴在中斯友谊海洋之中的中国外交官，一般来说都思想准备不足。

那天早晨一上班，斯里兰卡外交部便正式通知各国使馆，并给使馆发了几张通行证。我们事先已从班夫人大女儿苏妮特拉那里获得了一些消息，因而对这一突发事件本身有一定的思想准备。全馆在马子卿大使有力的领导下，秩序井然，毫不慌张地迎接这一突发事件。但难题还是出现了：我国两名信使在得知斯里兰卡实行戒严前已上了飞机，预计当天下午到达科伦坡。应该如何处理？

马大使迅即召集使馆领导开会，决定立即照会斯外交部，要求对方确保我信使安全，同时改派马大使的专职司机开车，考虑到我懂英语，又能说点当地话，加之在机场朋友多，决定由我到机场去接信使。大使亲自找我谈话，向我说明了问题的严重性和潜在的危险，要我在这关键时刻务必保证信使和文件的绝对安全，必要时“要与文件共存亡”。

我仔细分析了有利和不利条件，并做了认真的行前准备工作。

大使司机老夏社会经验比较丰富，还当过兵，老成持重，遇事不慌。这是我完成任务的一个有利因素。

接着，我打电话给一家大报的驻机场记者。这位记者同我交往密切，对中国友好。我在机场移民局和海关有很多朋友都是经他介绍而认识的。他告诉我说，机场及附近已增加了许多军队，但迄今他们并未接管或过问机场的事。这使我增加了完成任务的信心。

最没把握和最感不安的是，不知沿途情况如何。斯里兰卡军队没打过仗。据当天上午一些朋友告诉我们，军队比老百姓更惶恐不安，简直有点草木皆兵。据说，有两位别国的外交官在执行公务中，在听到士兵命令停车时，他们立即伸手从口袋里掏通行证。士兵误以为他们在掏枪，当即“先发制人”，开枪射击。结果一位外交官身中数弹，差点送命。另一位幸免于难，但汽车却被打穿了好几个洞。根据已经了解到的情况，我同司机老夏认真研究，捉摸着可能遇到的各种情况以及对应办法。

我们提前一小时到了机场，同机场那位记者一起喝了驰名世界的斯里兰卡红茶，会见了移民局和海关的值勤朋友，向他们说明我接信使的任务。

不一会儿飞机徐徐降落。当时旅客已多少获悉了有关情况，因而普遍显得紧张，我国的信使则比较镇静。机场检查比平时严格得多，有的简直是翻箱倒柜。我们信使却照常免检，优先放行。

第一关顺利通过了。我们稍感宽慰，但丝毫不敢掉以轻心，立即开车返回使馆。行车不过半公里的时候，突然有一股全副武装的陆军士兵从公路两侧跳到我们的汽车前方，在强令我们立即停车的同时，他们还迅速散开，从四面把我们包围起来。顿时，12支冲锋枪口对准我们，气氛十分紧张。我生平第一次遇到这样的险情，也确实有点害怕。我们是手无寸铁啊！后来又想，他们这样做可能正表明他们自己很紧张和心虚，不一定敢随便开枪。

这时，一名上士端着枪走到车前问我们是干什么的，要我们下车接受检查。

司机老夏早已把车门锁上，这时倾过身子帮我把车窗打开一条小缝，以便互相可以听见对方讲话，但对方的手却无法伸进来。我吸取上述两位外交官遭遇的教训，先讯问他是否要看通行证，然后才慢慢伸手到口袋里取出，通过窗缝递出去给他看。

对方看了通行证了解我们是外交官后仍坚持要进行检查，一时处于僵持状态。最后我说明我们是中国外交人员并出示外交官证后，对方态度大变，立即同意放行。双方友好地双手合十道别。到这时我们才松了一口气。

一波刚平，一波又起。当日晚我们又获悉，我国一艘万吨级货船次日凌晨将停泊科伦坡港。在驻在国宣布紧急状态和戒严期间，巨轮停泊港口的不便和困难是十分明显的，同时安全也是一个重大课题。为此，使馆领导及时进行了研究。次日早饭后，马大使夫妇率领我们几个人，包括商务处外交官，带着斯里兰卡最好的水果，登船“慰问”和“联欢”。马大使着重向轮船领导介绍了驻在国形势的严重性，要求他们高度警惕和注意安全，在船加完水后立即起航离开科伦坡。

下午，我们回到使馆，正在抓紧时间休息，电话铃响了。一个更大的难题又摆在我们的面前。对我国一向友好的商贸部长伊某，奉总理班夫人之命，要求紧急会见马大使，而且说到就到。伊对马大使说，据其政府掌握的情报，我船上载有运往非洲的武器。斯政府“因镇压叛乱急需”，请我方割爱把这批武器转让给他们先用。

这真是晴天霹雳，也令人丈二和尚摸不着头脑。在不知情和无国内指示的情况下，我们的大使深感困惑和为难。但他毕竟经验丰富，处事从容、得体。他表示理解斯政府的困难，但请伊给他一点时间首先弄清情况。对方好像也明白了，说“我等着阁下的回音”，随即告辞。

客人一走，马大使立即指令我上船了解情况。这时已是晚上八点了，不断听到外面传来零星的枪声。夜间登船，而且要经过港口重地，委实危险。但事情迫在眉睫，哪能顾及个人的安危！应我的要求，使馆开了公函，并让我随身带了红皮护照前往，以便“内交”时核实身份。

还是司机老夏开车。一路还算顺利。最后路经警察总部所在的大街时，忽闻要求停车声。老夏徐徐停车，一个警官和随从端着冲锋枪立刻冲到我们车旁，责问我们为何迟迟才停车。我汲取前一天机场路上的经验，首先说明我是中国外交官，有紧急公务要到港口去，因司机不懂当地话，听我翻译后才刹车，所以耽误了几秒钟。对方见我言之有理，未再纠缠，但警告说，你们这样很危险，这是非常时期，万一我开枪把你们打死了怎么办？讲完这番话后，他当即放行。

几分钟后我便到了港务局，找该局的一个朋友帮我办登船手续。但他告诉我，我要去的那条巨轮25分钟前已离开港口开往非洲了。

我真是喜出望外，但我在没有弄清情况之前不敢立即向大使报告，否则将铸成大错。于是，我要求同海军司令部联系，查询这条船的下落。海军值班军官证实，确有一条万吨级中国货轮在半小时前离港。我据此立即向马大使做了报告。他听后如释重负，马上让翻译通知伊某，船已离斯，他实在爱莫能助。

第二天，当地个别报纸歪曲事实，硬说什么我国有条船满载给格瓦拉分子的武器悄悄到了斯里兰卡港口，企图挑拨两国友好关系。

使馆根据国内通报的情况据理驳斥，指出，为了对付海盗和台湾蒋帮的袭击，我货轮上确有少量自卫武器，这符合国际惯例，而且在我船停泊斯里兰卡港口期间已向斯里兰卡有关当局做了报告。至于在停泊期间，是否封存这些极少量的自卫武器，完全由经停港口有关当局自定。斯方出于对我国的信任，未予封存。某些报纸的报道纯属别有用心。

一场虚惊就这样突然发生，又偶然结束了。

（八）周总理一语破迷惘

第一天就发生这些不愉快的事，而且朋友们敢上使馆门的也很少了。全馆同志都感到紧张和茫然。第二天，某社会主义国家因涉嫌支持“格瓦拉运动”，被限令三天内撤馆。社会上流传很多谣言，有的诬蔑我国给“格瓦拉运动”提供了武器，说“下一个该轮到关闭中国大使馆了”。

接着，斯里兰卡政府有关部门对中国使馆采取了一系列监视和检查措施，使馆来往邮件全部被拆封，工人宿舍和新华社驻地受到搜查，连我国援助建设班达拉奈克大厦的物资也都被一一检查。全馆同志和我国援斯人员对斯方上述行为十分不理解，感到困惑和愤慨，甚至怀疑班夫人要改变对我国的友好政策。有的青年翻译面对印度洋流泪，长叹“帮错了人”，说班夫人“太不够朋友”、“以怨报德”。

正在这紧急关头，周恩来总理在北京会见了斯里兰卡驻华大使，并很明确地对他说，班夫人很聪明嘛，这是明智之举，几次检查，发现中国方面没有任何问题，不就把右派的嘴封住了吗！

消息传来，全馆同志如久旱逢甘露，头脑立即清醒起来，无不钦佩周总理高瞻远瞩，掌握着令人叹服的外交才能和艺术，用不平常的语言和风度解决了按常规无法理解和解决的问题。这也表明，周总理由于同班夫人多次会见，交往比较频繁，了解甚深，知道她对我国的深厚友谊，不会做出有损两国关系的事。

后来，周总理又指示马子卿大使通过班夫人身边人（她弟弟）向她传话说，我国目前正在清查“5·16分子”，如果班夫人政府发现我们使馆有这类人物，请坦率地告诉我们，帮我们清理阶级队伍。这更是棋高一着，以退为进，英明果断。面对事实，面对这种坦诚而有力的外交，班夫人还能说什么呢？只能钦佩。右派的嘴当然是被封住了。

一场风暴终于过去了，我们也闯过了好几道难关。班夫人巩固了她的领导地位，两国关系又重新得到了改善和发展。

（九）难忘的岁月和人生悲剧

我同陈依弥先后在锡兰工作了将近十年。第一次是1957年至1961年。当时我们还只是二十级和十八级的科员（她比我高两级），但工作任务却很艰巨。她在调研室承担着繁重的翻译和资料工作。我简直是个“万金油”，除调查研究工作外，还充当政务参赞姚登山的翻译，负责新闻公报，帮助跑外勤。工作虽忙，但在任四年，我们一直生活得很愉快，很充实，并学习僧加罗语。简直像是在度蜜月一般。我们的前两个孩子都是在使馆出生的。由于工作需要，我们几乎跑遍了整个锡兰岛。我们在野生动物园近处看到过漂亮的母豹，以及在落日余晖中两个大象家庭在湖边聚会、戏水和亲吻的场面，我们夫妻双双骑上大象，漫步在原野上。我们到过有周总理和铁托总统等名人种过纪念树的亚洲最大的佩瑞黛尼亚植物园。我们看过全世界佛教徒都十分向往的佛牙。我们还沿着周总理的足迹爬上了西格丽亚石峰，眺望锡兰“三园”美景——茶园、橡胶园和椰子园，层层叠叠，各具特色，令人向往。后来，我们还利用假日，到绿色地毯一般的大茶园小住数日，领略了那里茶叶的芳香，品尝了世界上最好的红茶。我们还到过世界有名的军事海港——亭可马里，观看过那里的情人石。据说，锡兰一对恋人正是在此投海殉情的。我们热烈拥抱在情人石上，体验着时代的幸运和幸福——那梁祝时代、罗密欧与朱丽叶时代一去不复返了！

当人们生活在幸福和紧张的工作中时，时间过得特别快，我们在锡兰一晃就是四年多。国内的反“右派”斗争、大跃进以及“自然灾害”好像箭也似地从我们身边飞过。我们感到了，也受了这样那样的影响，但没有亲身经历。1961年夏天，我带着大儿子朝华（那时他还不到四岁），经香港回国。不久，陈依弥也奉调带着女儿兰涛赶回国，转赴瑞士参加第二次日内瓦会议。这是我们婚后第一次“小别”。日内瓦会议结束后，在北京人民大会堂曾有一个盛大联欢庆祝晚会。我渴望着能与她一起去共享欢乐，但望眼欲穿，始终没有收到请柬。联欢过程中，依弥有幸同周总理跳了一个华尔兹。在跳舞时，周总理问她：“你爱人来了吗？”她说“没有”。周总理说：“这太不平等了。为什么男同志可以带妻子，女同志却不可以带丈夫呢？”我后来听了，深感周总理说得好，又觉得有关部门的安排实在可笑。

1964年，陈依弥作为翻译和生活秘书陪同宋庆龄副主席访问锡兰。访问期间，多次同班夫人接触，为我们后来同班夫人及其家族的友好关系奠定了一个基础。

1970年底，国内“文化大革命”如火如荼，极“左”思潮汹涌澎湃。这时候，我驻锡兰使馆一个外交部的干部也没有了，临时代办是兄弟单位的外行，公务勤杂员也做了党委委员，掌握着使馆的大权。国庆招待会时，使馆大门口的横幅上写着亮晶晶的几个大字——“枪杆子里面出政权”！引起驻在国强烈反应。周总理闻报后很是生气，批评说，这么一个重要的大使馆，一个外交部的外交官都没有，你们怎么放心得下！

正是在这种情况下，外交部火速派经验丰富的杨正凡参赞去任代办。我们夫妇因熟悉锡兰情况，也被选派去做杨的助手，并于1971年初上任。当时，我担任调研室主任，她负责交际礼宾兼使馆领导的重要问题翻译，还负责处理军事援助问题。我们密切合作，广交了很多朋友，特别是同班夫人家族建立了非常亲密友好的关系。这时候我们已进入中年。经过“文化大革命”的“洗礼”，政治上也比较趋于成熟。我们生活和工作得很和谐，努力为使馆纠正极“左”思潮，开创对斯里兰卡关系新局面做了大量具体和细致的工作。

1974年国庆节后，我们回国休假。这是我们参加工作二十多年后第一个长假，机会难得。我们带着大儿子朝华第一次回到了家乡安徽南陵县，登上了黄山，观看日出。游览杭州西湖，走过长长的苏堤和白堤，观赏三潭映月，然后回到北京，一家五人（这时老三也已11岁）团圆欢聚，并第一次合影留念。这时候，我们的“官阶”不高，我只是个三等秘书，她也只是个二等秘书。但我们都感到满足和充实，我们好像是在度“第二个蜜月”，经历有着丰硕果实的秋天。这时候，对某些人来说，正是“火箭上升”的年代，几乎没有人羡慕我们“小土豆的地位”，但很多同事和朋友都羡慕我们的恩爱和和谐。

真是“天有不测风云”，没想到这竟是我们一家最后一次团聚。黄山归来后不到一个月，我一生中最大的不幸发生了。

12月12日，在我们结束休假返馆前夕，依弥忽然得了重感冒。考虑到使馆年终总结需要我们赶回，机票已买好，我希望最好行期不变。她虽然有些勉强，但还是准备迁就我。13日早晨，一量体温，已不发烧，她虽然感到体弱和不适，仍决定跟我一起走。结果一路病情发展，15日到科伦坡后，转为心肌炎。我一夜守候，班夫人还派了她的私人医生来会诊，结果仍抢救无效，16日清晨5时零5分，也即回到使馆18个小时后与世长辞，与我永别。一句话也没留下来。

这一出乎意料的打击使我伤心至极，茫然若痴，卧床一个多礼拜，处于半昏迷状态。睡梦中，我们夫妻双双，一会儿来到朝鲜松岳山下的泉水边，一会儿拥抱在情人石上；一会儿又在印度洋的海滩上嬉戏。我看到她同宋庆龄和班夫人交谈，在同周总理跳舞，在给孩子们写信……后来逐渐清醒，想起“青山处处埋忠骨”，决定把她的部分骨灰埋葬在科伦坡，并同意以大使馆名义为她立了碑，以示永恒纪念。

（十）寄托哀思的鲜花

依弥不幸逝世的噩耗传出，惊动了很多朋友和驻在国领导。斯里兰卡总统急电向我慰问。总理班达拉奈克夫人当日也来唁电表示“深感悲痛和难过”，并称赞陈依弥的纯朴以及生前对她本人的友谊。斯里兰卡贸易部长、陆军司令和海军参谋长等各界政要一百多人也前来吊唁。使我最难忘的是，在向遗体告别时，一向活泼的钱德里卡小姐（后来的库马拉通加总统）迈着沉重的步子，手捧鲜花，一步一步向我走来。她说，她是代表她母亲班夫人来的，紧握着我的手。她没有流泪，但从她的面部表情不难看出，她为我失去亲人而分担着我那极度的悲伤。

当时我妻子只是二等秘书，斯里兰卡政府如此破格吊唁，充分反映了两国关系情深谊重，也是陈依弥个人努力工作的结果。她当时是班夫人家中的常客和“没有军衔的女武官”，同军方关系也非常密切。对她的哀悼，实际上也有相当程度的感情因素。

（十一）悲伤、内疚和决心

1974年的最后一天，也就是祖国同胞合家团聚的除夕，怀着极度的悲伤和不知如何面对子女和岳母的内疚，我带着依弥的另一部分骨灰回到了北京。一路上，我思绪万千，生平第一次感到好像生活失去了目标，不知今后怎么活下去。我们相依二十年，半个月前她还恋在我的身边，说着悄悄话，一往情深，而今却忽然“化蝶而去”，留下冷灰一盒默默与我同机而行。人们常说，愿有情人终成眷属，为什么又要成了眷属的有情人过早地分离？我们才四十几岁啊！我禁不住自己的眼泪，但为了不惊动邻座乘客，只能掩面饮泣，倍感心酸。

依弥毕业于圣约翰大学英国文学系，1950年入外交部，曾两次入朝参加军事停战谈判和军停会的翻译及速记工作，两次参加日内瓦会议，曾任翻译室英文组组长，在部内小有名气，人缘尤好。她忽然病逝的噩耗传到北京后，在部内和亲友中引起了极大的震惊。1975年1月初在部内举行的追悼会是建部以后最令人悲痛和心酸的一次，很多同事和朋友为我们洒下了伤心之泪，痛哭失声。除了通常的挽联之外，我还收到了很多信函和诗歌，为她过早地离我们而去感到悲哀和惋惜，称赞她对外交工作，特别是中斯友好的贡献，以及她为人忠厚、纯朴和对人的关怀。外交部的正式悼词也赞扬她“工作兢兢业业，认真负责，对同志热情诚恳，平易近人”，“任劳任怨，刻苦钻研业务，较好地完成了党交给的任务”。我们三个未成年的子女更是痛感失去母亲。女儿兰涛当时才13岁，含泪写了一篇作文《我的妈妈》，后来被选入中学生范文出版。

中年丧妻，同白发人送黑发人一样，原本就是人间的一个悲剧。依弥的不幸病逝，在很大程度上是我不顾她有病而坚持如期返馆造成的。这是我再也没有机会改正的过失，也是我无法弥补的损失，使我一生都感到内疚。她去世后，差不多有半年多，我每晚都要服安眠药才能入睡。每逢佳节，我都倍感伤心，常写诗以寄托哀思。在她去世后的第一个元宵节之夜，我曾赋诗一首并焚之，盼望能寄往她所在的天堂：

明月出东方，
京城一片欢，
欲与卿偕乐，
只待入梦乡。

但我毕竟是个有理智的人。我不仅有外交任务，我还有三个孩子要抚养。我平时喜欢饮点酒，但在这段时间硬是滴酒不沾，怕的是“借酒消愁愁更愁”从而走上颓废和消极的道路。经过大约半年左右的思索和调整，我渐渐振作了起来，决心要把三个孩子抚养成才，并在外交工作中加倍努力，以告慰她的在天之灵。

（十二）相逢在北京

“这就是我想见的王大使吗？啊，是的，没太大变化，神情、风度和体态都还是老样子，就是胖了点。”

1996年4月22日，在钓鱼台国宾馆十七号楼，我有幸在祖国首都又见到了我的老朋友，今日的斯里兰卡女总统库马拉通加。她一见面就打开了话匣子，虽比过去多了几分庄严，但仍保留了往日的欢快、坦诚和风趣，充满活力。

“不仅胖了，也老了！更重要的是，你变了，你做了总统。我早就在心里祝贺你了，现在再当面祝贺一次。我真为你高兴。”我不是在说官话，我是在说一个朋友的心里话。

寒暄之后，我们一起去前门烤鸭店出席顾秀莲部长为她举行的午宴。我被安排坐在库马拉通加的右手。席间我们共同回忆当年我们互教互学的情景，以及很多有趣的交往，互相介绍了各自的工作和生活情况。她后来开玩笑地问我，当时有没有想到她会当上总统。我说，如果说我当时就想到了你会当总统，那可大有“拍马屁”的嫌疑，可是说实在的，我当时确实觉得你很有才华和天赋，可能前途无量。她听了哈哈大笑，说：“你真是个‘高级外交官’，你这还是在‘拍马屁’。”她说，她同母亲都很珍视同我和我亡妻陈依弥的友谊，常挂念着我。如果有空的话，她愿邀请我到斯里兰卡去度假。我感谢她的邀请，表示可在8、9月间成行。期待着再次相逢在科伦坡。

会见后，我心情久久不能平静。有些话，当面不便说，但尽在不言中。我知道她的生活也是很坎坷的。她曾有一个斯里兰卡人民为之着迷的电影明星的丈夫，有一子一女，过着人们羡慕的生活，共同为他们祖国的稳定和发展，以及文化艺术的繁荣而辛辛苦苦地工作。但她的命运也像她母亲一样苦，她的丈夫大约在十年前也被敌对势力杀害了。从她们两代人身上，我看到了斗争的残酷，看到了两个斯里兰卡伟大的妇女形象。她们没有屈服，没有被吓倒，她们擦干眼泪，坚强地站了出来，继续为自己的理想而奋斗。她们成功了，而且青出于蓝而胜于蓝。我为她们的巨大成功而高兴，也由衷地钦佩她们，同情她们的不幸遭遇。

（十三）我终于圆了一个梦

阔别斯里兰卡已经22年了。由于上述个人的一些特殊经历和感情因素，我一直渴望着重返科伦坡。1996年9月初，我有幸应库马拉通加总统的邀请，作为她的私人朋友到斯里兰卡进行度假访问。访问是短暂的，但引起的回忆却很长很多。

斯里兰卡绮丽的风光和迷人的景色使人陶醉，流连忘返，自不待述。总统及其一家对我的友好情谊和“上宾之礼”更使我深受感动。整个画面的背景当然是两国源远流长的友好历史和亲密的国家关系。但同我个人的经历也是分不开的。

我们夫妇是第一批踏上锡兰国土的中国外交官。我们参加了全部建馆工作，结交了很多朋友，同班夫人子女和亲属关系尤为亲密。我们的一子一女均出生在科伦坡，大儿子今年40岁，是中斯建交的同龄人，女儿的名字也是为了纪念中斯友谊而取的。本着“青山处处埋忠骨”的精神，我亡妻的骨灰由中国大使馆立碑长眠在科伦坡国际公墓。这一切的一切都使我情系科伦坡，把斯里兰卡看成是我外交工作的处女地，我的第二故乡。

库马拉通加总统深知我的心情，我度假访问的日程安排第一件事就是扫墓，让我首先完成二十多年的宿愿。墓地负责人还破例允许我在墓碑四周栽了长青小花树。库马拉通加总统当天便亲切地会见了我，并于次日为我举行家宴。她八十高龄的母亲、总理班夫人尽管行动有些不便，也特地赶到总统府出席。访问期间，我还有幸会见了斯里兰卡外长，并到总理班夫人家作客，看望了总统的舅舅以及不少新闻界和经济界的老朋友，共叙往日情谊，展望两国友好关系更美好的前景。库马拉通加总统十分关心她自己国家的和平、安定和发展，强调扩大和加强对外经贸关系，盼望斯中两国在经济合作方面“更上一层楼”，给我留下了深刻的印象。班夫人年事虽高，但记忆十分清晰。在亲切交谈中，她几次提到周总理很关心斯里兰卡的安定以及她本人的健康，回忆宋庆龄委员长访斯的情景以及我妻子的模样和神态，使我深受感动。

9月9日，我满载友谊告别了我的第二故乡。一路上，我心潮起伏，思绪万千，为失去亲人而伤心落泪。但同时，也感到一种欣慰，因为我和我亡妻以及我们的孩子都是两国一个历史时期友好关系的见证人，而且为这种友好关系做出了一点微薄的贡献。

我的孩子们都知道我们同库马拉通加总统及其家族的情缘，知道那美丽的斯里兰卡，我们两国人民的友好情谊，不仅在我这一代要继续促进，我相信，我们的子孙后代也一定会延续下去的。

（写于1997年9月）

二、一次难忘的使命

巴拿马是个不大的国家，面积近八万平方公里，人口也只有200多万。但它连接中美洲和南美大陆，是大西洋和太平洋之间的交通要道，举世闻名的巴拿马运河被誉为“世界桥梁”，战略地位十分重要。

巴拿马原是哥伦比亚的一个省。1903年，美国同哥伦比亚签订由美国修建和租借运河条约，哥伦比亚议会拒绝批准。不久，美军便在巴拿马登陆，策动巴拿马脱离哥伦比亚成立巴拿马共和国，美巴签订不平等条约，美取得修建和经营运河的永久垄断权和运河区的永久使用、占领和控制权。

第二次世界大战后，巴拿马人民反美爱国斗争不断发展，要求收回运河区主权。1977年9月，美被迫同巴签订了新的《巴拿马运河条约》，并于次年批准生效，规定两国官员组成运河管理委员会；运河区的司法和移民机构以及海关和邮局等将逐步交由巴拿马管辖和经营；1999年12月31日新条约期满后，巴拿马将全部承担对运河的管理和防务，美军将全部撤离巴拿马。

我国对巴拿马爱国正义斗争一直深表同情和支持。中巴两国曾有过不少关于关系正常化的接触，但由于美国的特殊影响和微妙的控制，巴拿马一直同台湾当局保持着“外交关系”。托里霍斯将军执政时期，中巴关系正常化呈现着较好的发展势头，但不幸托里霍斯于1981年7月因飞机失事遇难身亡。此后双方虽续有接触，但势头已减。

继续寻求和探讨中巴关系正常化是我国的一贯政策。我作为新中国在这一地区工作的大使，当然也义不容辞。

1988年，我自尼日利亚调任驻哥伦比亚大使。从使馆朋友的名单中，我发现了巴拿马外交部长里特尔的名字。他有中国血统，母亲是中国人，他的夫人是哥伦比亚人，在哥伦比亚工作，子女也都在哥伦比亚学习。他几乎每周都来哥伦比亚度周末。为了打开对巴拿马的工作，我和我夫人杨帆花了很大力气做他们一家的工作，经常礼尚往来，关系日渐加深。他那身上流着中、巴、哥三个民族血液的女儿长得十分可爱，集中了三方的优点。有时她也是我们的“小客人”，为我们的感情交流更增加几分欢快的气氛。大约半年以后，我们开始很自然地交谈各方面的问题，特别是两国情况和有关两国关系正常化问题。

1989年上半年，在一次家宴上，他相当严肃地表示，愿邀请我作为他的“私人朋友”访问巴拿马，讨论建交问题。同时他明确强调，希望分“两步走”。

当时，美国国内有一股强大的势力不满新运河条约，不甘心让巴拿马在20世纪末收回主权，布什政府对巴拿马政府采取了与卡特政府不同的态度。巴拿马的诺列加政府处境十分困难，面临美国直接干涉甚至入侵的危险，确有同中国发展关系的愿望。与此同时，1989年春夏之交的政治风波之后，台湾当局趁机加强“弹性外交”攻势，并在拉美地区个别小国有所得手。西方一些国家也企图孤立我国。为了拓宽外交阵地，当时我国一面在同印尼谈判复交，一面也积极准备打开同巴拿马关系正常化的局面。根据国内指示精神，我当然表示很高兴接受邀请；同时告诉他，中方对建立和发展中巴关系持积极态度，愿意听取和研究他关于进一步发展两国关系的设想和建议。我问他，两国关系正常化的主要障碍究竟是什么，巴拿马政局动向到底怎样。里特尔表示，障碍主要来自何方不言自明，巴拿马处境十分困难，有被入侵的危险。不久，里特尔又重申对我的邀请，并表示已准备在10月中下旬接待我。

正当我积极准备赴巴拿马访问时，巴拿马外长突然易人，卡姆（CUM）外长上任。我当时感到失望，因为尚不知他是何许人也。而且，一般说来，往往是“人一走，茶就凉”。重新热茶，需要时间，可时间又如此紧迫。此事真叫我愁眉不展，吃不好睡不香，苦无良策，决定观察一下再说。

第二天上午，我的礼宾秘书忽然通知我去接巴拿马外长的长途电话。我开始有点纳闷，不知是老外长还是新外长，但很快就明白了。对方首先自我介绍说，他是巴拿马昨天新上任的外长，重申前外长里特尔对我的邀请仍然有效，邀请我11月初访巴，就两国关系进行“实质性会谈”。我首先热烈祝贺他当选外长，并表示接受他的邀请。

这是个难得的机会，需要采取果断的决策。但说实在的，当时我真摸不清巴拿马政府对发展两国关系的意图和具体设想。它是真的要进行建交谈判，还是仅仅一般性地要发展两国关系，要求我支持；如系前者，它是要分步走，还是一步走。

因此，准备工作十分繁重。除了深入了解情况外，还需要提出建议和对策，最核心的是如何看待和处理“分步走”的问题。我国在建交问题上，一贯是坚持原则的，但策略上也有一定的灵活性。中美建交前就有过在特定条件下的“联络处”，同日本有过贸易备忘录办事处，同新加坡和沙特也有过类似的情况。同巴拿马是否也可沿袭这些先例，这就要看具体情况，把握时机，果断决策。当时国内指示非常明确：要力促诺列加政府在两国关系上迈出实质性的步子，一步走。但也要考虑巴方的实际困难，设法帮助解决。

11月初，我带着政治秘书刘峻岫等三人如期悄悄地到达巴拿马城。机场上没有鲜花，没有欢迎的人群，但湛蓝的天空、和煦的阳光，给人一种祥和的感觉。巴拿马外交部对外政策司总司长卡尔德隆女士和礼宾司总司长到机场迎接，并全程陪同我在巴拿马的访问。我们被安排住在一家据说是最好而又最安全的旅馆。礼宾司长告诉我，我们实际上是“总统府的客人”，一切费用同由总统府支付，保卫人员也是从总统府和诺列加卫队中抽调来的。随后我们就发现我们住房门口有三四位身强力壮的便衣人员24小时轮流守卫，两个贴身保镖与我寸步不离，态度非常和蔼可亲。卡尔德隆女士私下对我说，美国和台湾方面已知我要来访，台方“大使”宋长志（前台湾当局“国防部长”），这些日子“像热锅上的蚂蚁”，一天要给巴外交部长打几次电话，到处奔走游说，要求取消这次访问。美方也配合施加压力。但巴拿马政府态度坚决，不为所动。

从接待规格以及卡尔德隆女士谈话的情况看来，我感到巴方对这次访问非常重视，可以说是“寄予希望”。宋长志的焦虑不安以及四处活动，固然可能增加阻力，但也足以从另一个侧面说明，巴方对待中巴关系正常化，这一次很可能要动真格的了。

当天下午，卡姆外长即同我举行第一次会谈。卡姆强调，巴拿马政府重视同中国的友谊以及中国在国际上举足轻重的作用，一直希望能实现同中国关系的正常化。但由于种种中国朋友也知道的原因，未能如愿。现在应该是解决这个问题的时候了。巴正面临强大的外来压力和威胁，经济上也十分困难，需要中国的支持。不过在建交问题上，希望还是分两步走。否则，步子迈得太快，可能招来麻烦，特别是台湾方面可能采取报复措施，使巴拿马在经济上将蒙受重大损失。希望中国方面能体谅巴的处境。

由于事先对巴方有关情况和考虑已比较了解，国内指示也十分明确，我首先转达了钱其琛外长对他的祝贺和问候，希望两国关系在他任期内能有“实质性发展”，接着从容不迫地表示，我们完全理解巴拿马面临的困难和处境，愿意在政治、经济上同它合作，包括向它提供一些力所能及的经援。但由于两国尚无外交关系，这些方面的合作，不可避免地会受到限制。相信中巴关系正常化一定会使两国在政治、经济、文化等领域的合作得到全面的发展，这将有益于两国人民，有益于地区和世界和平。因此，在两国关系正常化问题上，我们主张“一步走”。这样做对双方都有利，也符合世界潮流。中巴建交是两国发展政治、经济等各个领域友好合作的“必要前提”。我们两国之间已有多年接触，两国建交应有一个“政治决断”，中方愿在一步走的基础上听取巴方对发展两国关系的设想。卡姆听后表示，希望次日再会谈一次。

当晚，卡姆外长为我们一行四人举行了一次盛大的晚宴。为了避开记者和美、台人员的耳目，宴会地点选在郊外一处偏僻的地方风味餐厅。巴拿马外交部总司长以上的官员全部出席，教育部长和农业部长也出席作陪。晚宴气氛友好、诚挚、热烈。卡尔德隆女士对我说：“我们选择了一个宁静的环境来欢宴大使阁下，但这并不妨碍我们之间真诚热烈的友情。”

席间，卡姆外长发表了简短而热情友好的讲话，不少官员同我们好像“一见如故”，畅谈对新中国的好感和向往，以及他们对台湾方面的鄙视和对美国的不满，但也谈了不少政治和经济方面的困难。我也趁机向他们介绍了我国对外基本方针和政策，特别是在台湾问题上的立场。整个宴会气氛十分融洽。在外交上，宴会只是一种形式，其丰富的内涵和乐章要靠有心人去体味，去谱写，有时要认真地去听“弦外之音”，有时一些事的解决“心照不宣”，甚至“尽在不言中”。这次宴会给我们留下了深刻的印象：巴方强烈渴望两国关系正常化，但吃不准我方究竟能付出多大的代价。

宴会之后，我们又去拜访了一些知名的爱国华侨。他们听说我来到巴拿马并负有特殊的使命，很是兴奋，纷纷向我们介绍巴拿马政府的困境以及宋长志如何焦躁不安，说连那原已订好的为200华人青年举行的大型晚宴都取消了。希望我们能抓住机会，争取两国关系正常化，为在巴拿马的近十万华人造福。

回到住处已是午夜。我们四个人一起回味和分析了一天的活动，并为第二天的会谈作了认真的准备。因为进展比较顺利，大家心情十分舒畅。谈起郊外那静静的一隅，我们同行的一位年轻的秘书情不自禁地轻轻哼起了一首古老的俄罗斯民歌《莫斯科郊外的晚上》，不过她把词改成了：“深夜花园里四处静悄悄，只有宴会在进行着，气氛多么好，令人心感动，巴拿马郊外的晚上。”

同卡姆外长第二次会谈一开始，我就开门见山，表示我方完全理解巴方的处境，并真心诚意地愿意伸出友谊之手，但是没有外交关系，或只有“半外交”关系，局限性是很大的；强调希望巴方领导人能不失时机地作出明智的“政治决断”。至于巴方的实际困难，我方已充分考虑过。中巴建交后，我方将做努力，使巴拿马不致因同台湾当局“断交”而蒙受经济损失；同时，我方对巴拿马同台湾保持纯属民间性质的经贸往来不持异议，也不反对台湾公司在巴投资；巴拿马的香蕉、白糖不是我国当前需要进口的商品，我国对非建交国也不搞政策性进口，但建交后我国政府会根据需要和可能积极考虑如何帮助巴拿马解决这一困难。卡姆外长听到这里笑逐颜开，连声说“这就好办了”，他马上要向总统和诺列加将军报告。

第三天我就会见了巴拿马总统和诺列加将军，与总统的会见是礼节性的，他表示听说会谈顺利很高兴。诺列加同我热烈握手，并明确肯定其外长同我的会谈，表示赞同两国关系“一步走”。诺列加在当时被称为是“强人”，但给我的印象并无将军的威武风度，说话有点腼腆，可态度明朗、坚决。我根据国内指示，首先转达了对他的问候，明确谴责美国干涉巴拿马内政的粗暴行径，特别是插手“10·3”（10月3日）未遂兵变。我还送给诺列加一对中国著名的景泰蓝花瓶，而且开玩笑地说，中国景泰蓝不仅精致、美观大方，而且十分坚韧，象征着一种人的性格。诺列加会心地笑了。他同我会见后，还领我观看了“10·3”兵变在他办公室墙壁上留下的累累弹痕，说决不能让这种事重演。

后来我又同卡姆外长举行了一次单独会谈，大体商定了他应钱外长邀请访华的日期以及准备签署的几个文件，其中建交公报等文件由我方起草，经济技术合作协定由巴方起草。大事解决后，我们轻松愉快地游览了巴拿马市容，参观了美国人控制的巴拿马运河区，拜谒了托里霍斯将军墓，还到科隆自由区看了中国—巴拿马贸易中心。一周后回到圣菲波哥大。

不幸的是，正当我准备回国参与接待卡姆外长的前几天，12月20日凌晨美国直接出兵入侵巴拿马，推翻了诺列加政府，建立了新政权。当我凌晨从电视新闻中看到这一消息时，我极度伤心和愤慨，感到“功”败垂成，结果实际上还是美国帮了台湾当局的忙，使中巴建交进程在关键时刻不得不再一次中断。没有想到，曾经被视为抗美的诺列加不久便成了美国的阶下囚。当时我几乎要仰天长叹：悲哉，诺列加！

诺列加的一页已成过去。我不想对他作“人物评价”，他的功过自有世人评说。但我在巴拿马的七天经历和使命至今仍历历在目，令我终生难忘。中巴关系虽几经风霜，但两国人民的友谊是割不断的。两国关系的正常化也是迟早要实现的。

三、红色通辑令

一天上午，上班后不久，我的礼宾秘书匆忙来告，哥伦比亚安全局来电话称，昨日有一名叫桑继辉的中国公民进入哥伦比亚，从其姓名、指纹和长相等情况看来，很可能就是国际刑警“红色通辑令”通辑的经济罪犯桑继辉本人。特向中方通报，并要求我方配合查证。

国内有关方面可能未想到，这个罪犯居然会跑到遥远的哥伦比亚，也可能未想到驻在国安全部门会找使馆询问，所以并未通报我们使馆。经我们询问，公安部迅速复告，桑继辉曾是中国在中东地区某公司的翻译，数月前携10万美元逃跑，国际刑警组织根据我方要求已发出“红色通辑令”，希望我们做好驻在国工作，务必把桑继辉缉拿归案。

经我方交涉，哥伦比亚安全局答应一定帮助，说这也是他们的国际义务。但向我们解释说，根据哥伦比亚法律，他们还需要一些技术性查证，暂时还不能逮捕，只能监视。

桑犯伪装成商人，同几个不法或不明真相的华侨在一起鬼混，花天酒地，又赌又嫖，一会儿在首都，一会儿窜到海边，一会儿又窜到边境山城，有时还忽然跑到厄瓜多尔或委内瑞拉玩一趟。这可忙坏了安全局。他们派了两名有经验的安全人员（一对假装的情侣），扮成一对恋人旅游，跟踪监视，随时向总部报告动向，并受权同地方安全部门以及厄瓜多尔和委内瑞拉安全部门联系，以防不测（怕他跑掉）。

经过两个星期的进一步查证，哥方认为证据确凿。当桑犯有一天回到首都波哥大时，哥伦比亚安全部门依法将其逮捕。哥伦比亚安全局在逮捕桑犯后，立即通知我们，要求在24小时内将桑犯交我使馆处理，否则哥方只能将其驱逐出境（按照哥伦比亚法律，拘留时间不能超过48小时）。

这一下可给我们出了一个大难题。如果同意交给我们，我们小小的使馆如何能看管得了。更重要的是，如何能把他押送回国（哥伦比亚同我国没有直航）。如果不同意交给我们，桑犯被驱逐出境以后，等于又让他跑了。

我们要求哥方帮助把桑犯押送北京交中国公安部门处理。但对方告诉我们，他们的局长玛沙将军不同意。于是我只好采取外交行动，紧急照会哥方，并写信给玛沙将军，说正在同我国公安部联系交接事宜，预计很快会有答复，要求此前暂勿采取行动，并重申希望哥方派人把桑犯押送北京。这一外交行动，是否一定能产生预期的效果，说实在的，当时并无把握。为稳妥起见，很需要有个“保险系数”，需要有影响的人物从中帮助我们做工作。

正好这天晚上我宴请国防部长波特罗上将。我夫人杨帆同波特罗将军的姨妈是好友，来往频繁，从其姨妈处知道他同玛沙将军关系非同一般。于是，我便向波特罗将军介绍了问题的症结所在，并提出了一个折衷方案，请哥方派一得力保安人员与我馆一外交官共同押送桑犯至北京，恳请波特罗将军帮助做玛沙将军的工作。波特罗当即答应帮忙，说次日一早就去找玛沙谈。

次日早晨九时半，安全局一处长即来电话告，玛沙将军同意派一个有经验的安全官员B某同中国官员一起押送，一路负责到北京。我们表示感谢安全局的合作，并迅即办理了有关手续。

次日下午便把桑犯押到机场。下车后，上机前，B某给犯人带上了手铐，然后又同自己的左手腕连铐起来，动作非常熟练。在这么做时，B某还有礼貌地对犯人说，对不起，这是规矩；接着又向我陪同的张秘书解释说，这是工作需要和制度，他必须这么做。

就在这时，张秘书看到，桑犯掉了几滴眼泪。他不解犯人何以掉泪。是害怕？还是伤心或后悔？但据桑犯自己说，那是因为，他忽然想起，自己的父亲是县公安局长，小时候，常看到父亲铐别人。没想到现在自己也被上了镣铐。桑犯的堕落和逃跑并非偶然失足，从他的一只手提箱里，我们发现很多黄色照片底版，10万美元仅两个月已挥霍了将近一半。据医生检查，他还染上了性病——梅毒。

国际刑警发出的“红色通缉令”具有很大的权威，对通缉的经济犯罪分子，国际刑警组织各成员都有义务帮助缉拿。桑犯叛逃数月，在中东、东南亚游荡了一阵，后又经美国到了南美，都没有被发现。他以为得计了，可以长期逍遥法外了。他万没想到，哥伦比亚安全部门会发现他，而且很快使他落网。

由于“红色通缉令”的威力，也由于哥伦比亚朋友的友好合作，认真办案，负责到底，以及途经巴黎时法国警方的配合，桑犯终于被顺利地押送北京归案。

在北京，我国公安部门热情款待B警官，并拟重谢他。他经过二三十个小时同犯人连铐旅行，疲劳是十分明显的。但他仍是笑容满面，神情严肃，说这是他应该做的事，不用谢。最后只收了一套中国的绣花睡衣以示执行“红色通缉令”和到达北京的纪念。

四、我与哥伦比亚女外长的交锋与友谊

1990年9月的一天，哥伦比亚首任驻华大使圣多明戈专程从纽约飞向圣菲波哥大，为钱其琛外长访哥举行盛大午宴。我作为驻哥伦比亚大使，荣幸地被安排在主宾席。按习惯做法，我先行到达，了解同桌客人的身份，以便钱外长入座时介绍和交谈。这时我忽然发现一位年轻的女士坐在桌旁。她眉清目秀，苗条水灵，既有拉丁美洲美女的风姿，又有东方女士的文雅。我不知道她的来历，以为可能是某位要人的夫人。我的好朋友戈麦斯（哥伦比亚驻华大使）告诉我，她就是鼎鼎有名的努阿米·萨宁，34岁就当过邮电和电讯部长，是即将上任的哥伦比亚驻委内瑞拉大使。于是我主动走上去自我介绍，并与之寒暄。这是我同萨宁的初识。

1991年11月，她出任外交部长。社会上和外交使团一片赞扬之声，说她是拉美第一位杰出的女外交家，最漂亮的女外长。大使们有时还开玩笑，希望能有机会多见到她，希望能有幸同她合影。

我是最早对她进行礼节性拜会的大使之一。我同我的秘书在会客室等了几分钟，忽然远处侧门打开，一位穿粉红时装的年轻女士，像燕子一般快步向我们走来。我们原以为是外长秘书先来打招呼，待走近时一看，竟然是萨宁外长本人。她看到我们惊奇的神色，马上热情地招呼说：“不认得我了吧！我就是萨宁。一年前我们在圣多明戈的午宴上见过。”

这本是一次礼节性拜会，没想到她要初试锋芒，成了我们认识后的第一次交锋。

在祝贺和寒暄之后，萨宁开门见山地对我说，哥伦比亚政府出于开展经贸工作的需要，准备仿效某国与台湾关系的模式，在台湾设立外贸银行办事处，具体名称可能是“哥伦比亚共和国银行驻台湾办事处”。

事情来得有点突然，但有既定方针在手，加之在哥伦比亚工作多年，这方面已有些经验，并不感到很棘手。于是我立即作出反应，说感谢她告诉上述考虑，我们也不反对驻在国同台湾方面发展非官方的经贸关系，但拟议中的名称显然带有官方性质，要求她重新考虑。

萨宁外长虽努力含而不露，但我仍可察觉，她多少有点不悦之色。她立即表示，这是哥伦比亚“主权范围内的事”，她即将就此给我一个征求意见但实际是通知性的备忘录。我当即表示，我不怀疑哥伦比亚在这方面的主权，但提请她注意，中哥两国有建交公报和内部换文，哥伦比亚承认中华人民共和国政府是中国的唯一合法政府，台湾是中国领土不可分割的一部分。哥伦比亚有信守两国建交公报和换文的义务，希望她维护两国友好关系的大局。萨宁听后马上解释说，哥伦比亚实无意同台湾方面建立任何官方关系。她现拟使用的名称，并未最后定下来，既然我有异意，认为它带有官方性质，她愿同我寻求双方都可接受的名称，并希望我提出具体建议。我谢谢她的友善和顾全大局的风度。

这是我同萨宁的初次交锋，但事情并未就此完结。不久，哥伦比亚外交部领事司负责人帕某以私人度假身份到台湾活动，并对记者发表谈话，声称哥伦比亚将在台湾设立具有领事和官方职能的商务代表处。我获悉后迅即找对我方一向友好、在台湾问题上态度鲜明的某副外长进行交涉，指出这不符合两国建交公报原则，也有违萨宁外长不久前向我作出的不同台湾方面建立官方关系的承诺，强烈要求澄清，并希望他帮助我多做萨宁外长的工作。不久后，萨宁外长亲自给我一份正式照会，说帕某未经政府授权，在台言论违背哥伦比亚政府立场；重申哥伦比亚同台湾方面不会建立任何“领事”和“外交关系”。照会还特别提到李鹏总理同加维里亚总统此前在瑞士达沃斯的会晤，认为两国友好关系必将为两国人民的合作、了解和幸福开辟道路。后来在一次私下交谈中，她除表示访华愿望外，还说她预计其上述决定将会受到政府内外某些势力的攻击和压力，但她不在乎，哥中友谊第一。态度十分热情友好。几周后，帕某即被撤换，被派到一个邻近的大国做总领事，不幸心脏病发作，死于途中。我感到十分遗憾，因为我们个人之间并无恩怨。我通过朋友向其家属表示了哀悼。

大约几个月后，一位消息非常灵通的朋友紧急约见我，说他从可靠方面获悉，萨宁外长已授意一些法律界人士草拟一个备忘录，从国际法和经济角度论证同台湾建立“领事关系”的必要性和可行性。这是一位很有地位的高层人士，而且说得活龙活现，几乎让人不能不信。

我们对此进行了仔细分析，认为萨宁家族一向同我方友好，从同萨宁第一次交锋的情况看，她主要是对台湾问题的重要性和敏感性缺乏了解，似无意要发展同台湾方面的官方关系。而且，哥伦比亚外交政策是总统府制定的，执行过程要受总统的约束，而总统夫妇对我方很友好，没有要改变政策的迹象。因此，虽不能完全排除她授意的可能性，但认为更大的可能是，她在各方影响和压力下，同意某些人写个东西看看再说，或者甚至有人盗用她的名义挑拨中哥友好关系。但考虑到这是内部传闻，不便交涉和要求澄清，更不便同本人谈。为了有力而又慎重地处理好这一事件，我们绕了一个弯子，选择了对萨宁有重要影响的前总统洛佩斯·米切尔森（中哥友协创始人之一）传话和做工作。

我利用向洛佩斯·米切尔森转达我党邀请他访华的机会，顺乎自然地向他提起上述备忘录和有关传闻，表示我和使馆同人都不相信萨宁会这样做。但从维护两国友好关系的大局出发，同时也为了爱护萨宁外长的名誉，如有机会时请适当提醒她注意此事，警惕有人从中破坏和挑拨，我将十分感谢。年迈而精力充沛的洛佩斯听后哈哈大笑，说："王大使，你真行，把球踢给了我这个老头。好吧，我一定遵命！"

两个星期后，哥外贸部长桑托斯在一次工作会见时告诉我说，他已知我同洛佩斯的谈话内容。洛佩斯为此曾同加维里亚总统、萨宁外长以及他本人议论过此事，他们要桑托斯利用这次会面的机会转告我：绝无此事，哥伦比亚政府无意与台湾方面建立任何性质的官方关系，请我放心。

第二次交锋就这样在未见面的情况下顺利结束了。

1992年春，波哥大举行一次盛大的国际博览会。在筹备过程中，《时代报》发表了萨宁外长答复该报问题的公开信，说她要改变前外长不让台湾方面参加展览会的决定，可以允许台湾方面来参展，但哥伦比亚只承认一个中国，即中华人民共和国。

公开信发表后的第三天，哥伦比亚副外长安德烈斯便紧急约见我，试探我对萨宁外长处理台湾方面参加波哥大国际博览会问题的反应。我们一向是通情达理、实事求是的。我对萨宁外长同意台湾参展的决定表示理解，对其同时重申只承认中华人民共和国是中国唯一合法代表表示欣赏。交谈过程中，安德烈斯两次离开办公室，显然是向萨宁外长汇报我的反应。第二次回来后笑嘻嘻地告诉我，萨宁外长要亲自来向我问好。

没过两分钟，萨宁外长便走进来，态度十分热情友好，说她一直是中国的好朋友，希望我信得过她。我表示对此深信不疑，并趁机向她转达了钱外长的问候和口头邀请（当时正好外交部有此指示），以示对她的信任和重视。这是我同萨宁从间接到直接的第三次交锋。至此，可以说我同她已经建立了相互信任的友好关系，来往也日渐频繁。

后来，她听说我原本是学文学的，喜欢诗歌，还特地要《万花筒》周刊采访我，要我从文学和诗歌的角度谈外交，问我中国人热爱和平、反对战争和霸权主义、主张共同富裕，有何文化和历史背景。我便同采访我的总编辑讲了两联在中国几乎人人可以背诵的名诗。一联是“可怜无定河边骨，尤是春闺梦里人”（陈陶《陇西行》）。另一联是“朱门酒肉臭、路有冻死骨”（杜甫《自京赴奉先县咏怀五百字》）。这两联诗还被译成了西班牙文，连同我的解释，一起刊登在这个杂志上。这个杂志同时还登了我同萨宁外长的合影，标题是：中哥友谊的象征。

最使我难忘的一幕是，我离任前，她代表加维里亚总统向我授“哥伦比亚共和国民主大十字勋章”，并出席了总统夫人安娜·米伦娜为我和杨帆举行的送别午餐。宴会上我们频频举杯和合影。可惜的是，那时我右眼刚做手术不久，不得不戴墨镜。萨宁开玩笑地说，她竟然同“黑手党大使”一起照相。

在我们夫妇的记忆中，始终有萨宁美丽、动人、通情达理和追求友谊的形象。听说她后来到英国当了一任大使，可能还要竞选总统或副总统。让我们夫妇从遥远的中国祝她好运。

五、茅台伴我外交行

青年时代，我开始喜欢文学名著，读了不少与酒有关的古诗，也尝试在小酌之后写写诗歌，逐渐与酒结下了不解之缘，并从饮酒中获得写诗的“灵感”。但在那个年代，茅台酒以其高贵的身价，是我可望而不可及的。走上工作岗位第一次拿工资，首先考虑的是孝敬母亲，再者便是买一瓶茅台酒慰劳自己，增添写诗作文的灵感。茅台酒从此便成了我饭桌上的常客。有一次，琥珀般的茅台刚到唇边，当时还在上小学的女儿涛涛忽然问我：“爸，你知道这一杯茅台等于什么吗？等于我一天的伙食费啊！”在当时的经济条件下，女儿的话对我触动很大，不能不重视，遂下决心将茅台的消费量大减。可是，茅台的独特魅力，是一种挡不住的“诱惑”。此后，虽然这位“常客”来访的次数少了，但逢年过节必然是我家餐桌上的“嘉宾”。

我喜欢酒，更喜欢茅台。因为工作的原因，我饮酒很少过量，但因为我确实喜欢，常饮不衰，在外交宴会上，得了个“品酒专家”和“茅台代表”的美称。在我50年的外交生涯中，茅台一直陪伴着我，可谓“不离不弃，忠心耿耿”！茅台酒与我交友的故事也不少，其中有两个特有意思，至今难忘。

（一）“特殊的红娘”与“将军舞剑”

在南美洲的哥伦比亚，很多人都知道中国的茅台酒，就好像知道他们自己国家的名牌咖啡一样。不少高级将领、企业家和外交官，只要看见茅台酒，就绘声绘色地讲故事给我听，说当年在巴拿马国际评奖会上，中国茅台酒起初如何不受重视，后来中国商人如何生气，怒摔一瓶茅台，落地有声，香气四溢，一举成名。他们还特别强调茅台酒誉满全球是“从哥伦比亚开始的”，因为巴拿马1903年才从哥伦比亚独立出去，当年中国的茅台酒瓶是摔在哥伦比亚的领土上。他们有时还开玩笑说，现在该哥伦比亚要中国“补偿”了，中国大使应该经常请哥伦比亚朋友喝茅台。就这样，不知不觉地，茅台成了我同哥伦比亚各界人士之间的一个“特殊的红娘”，为我同他们的友谊作了不少“铺垫”。

当时的国防部长波特罗上将是我的常客。我偶尔也去他家回访。他比我更喜欢酒，对各种世界名酒几乎了如指掌，对茅台更是情有独钟。他有时请我喝上等的洋酒，他自己则喝茅台，说有了“飞天”茅台，什么“皇家礼炮”（一种上等的苏格兰威士忌）、“路易十三”（一种上等的法国白兰地），统统靠边站。有一次，我想“考考他”，把大使馆三种好酒都放在同样的杯子里，问他哪一杯是茅台。他十分认真地扫了一眼，接着又闻了一下，马上挑出盛着茅台的那杯，先品尝了一小口，然后一饮而尽，笑着对我说：“这难不倒我，茅台的体态、颜色、香味和口味都很独特，回味无穷，这是其他酒没有的。”大家笑他不放过任何喝茅台的机会，同时，也十分佩服，称他为“酒圣”。渐渐地，通过茅台这个“红娘”，我们成了非常要好的知己。在我使馆遇到困难的关键时刻，他毫不犹豫地出手相助。

1990年，哥伦比亚安全局在境内发现了国际刑警“红色通缉令”要求缉拿的经济罪犯桑继辉，并将他逮捕。根据哥伦比亚法律，安全局对被捕嫌疑犯必须在限期内处理。该局局长玛沙将军提出，把他移交给中国大使馆，要求我们在24小时以内接收，否则安全局将把他驱逐出境。这实际上给我们出了一个难题。我们接收后，如何看守，如何押解回国，路上转飞机和停留会不会出事，一系列问题，我们都感到犯难，没有把握。但如果让安全局把他驱逐出境，就等于又把他放跑了。

怎么办？正好这天晚上波特罗将军同他的姨妈来同我们夫妇共进晚餐。我知道波特罗将军同玛沙将军私交甚笃，便趁机提出一个折中方案进行试探，建议安全局派一名有经验的警官，大使馆派一名外交官，共同押送桑犯回国；鉴于我们缺乏专业经验，请安全局的警官负主要责任。波特罗将军认为可行，表示次日一早就去告诉玛沙。

次日上午不到9时30分，安全局就来电话说，玛沙将军愉快地接受我的建议，同意派一名得力的警官押送。就这样，中哥双方官员合作，顺利地把桑犯押解回国，并且追回了桑犯逃跑时卷走的部分赃款。此案之所以能顺利解决，首先当然是因为两国关系很好，原因是多方面的，但茅台的“友谊铺垫”，想来也真是功不可没。

波特罗将军喜爱茅台，还有一个“舞剑”的趣闻。1991年，波特罗将军作为国防部长访问中国。当时的中国国防部长秦基伟上将用陈年茅台“飞天”招待他。晚宴上，中国的将军们一个接一个向他敬酒，几乎是“轮番轰炸”，而且，一敬就是三杯。波特罗将军来者不拒，一个人就喝了一瓶多。宴会结束时，他向秦部长赠送哥伦比亚武装部队的指挥剑。他打开剑盒，“唰”地一下抽出亮闪闪的宝剑，借着几分酒意，情不自禁地舞了起来。这一来，所有在场的人，特别是警卫都紧张起来。我也确实担心伤了秦部长或波特罗将军自己，赶忙上去解围。波特罗将军顿觉自己有些失态，立即收起剑，恭恭敬敬地用双手把剑献给了秦部长，并且对我说："请放心，没事，茅台是好东西，它让我兴奋，使我有醉意，有点飘飘然，但头脑清醒，醉不倒。"说罢，他笑了起来，在场的人也都乐了。

（二）冲破了戈尔巴乔夫的禁令

还有很多茅台伴我外交行的例子。当年苏联大使挡不住茅台的"诱惑"，冲破了戈尔巴乔夫的禁令，至今我仍记忆犹新。20世纪80年代中期，我在尼日利亚当大使，有一天请苏联大使共进晚餐。我知道，俄罗斯人特喜欢喝酒，有些人甚至嗜酒如命。但当时戈尔巴乔夫明令禁止苏共党员喝烈性酒。为了尊重人家的习惯，我让服务员只上葡萄酒和软饮料。

不一会儿，我发现苏联大使有点神色不安，好像期待着什么。我问他是不是不舒服。陪同的苏联公使悄悄告诉我，大使似乎想喝点茅台。我说，我有一些茅台，没敢上，听说戈尔巴乔夫有禁令。大使马上转过头同公使商量，说："我们现在先喝了再说，明天在（大使馆）党委会上检讨吧！"。公使接着说："我不说，你不说，有谁知道！"于是，服务员开始上茅台。一瓶茅台很快就"报销"了。酒至正酣时，苏联大使打开了话匣子，说酒是很好的东西，特别是苏联的伏特加和中国的茅台，它使人兴奋，给人灵感，又有益于健康，历史上所有禁酒的人都失败了，戈尔巴乔夫也绝不会成功！中国茅台是"挡不住的诱惑"，来，让我们再干一杯！就这样，他们冲破了戈尔巴乔夫的禁令。后来俄罗斯没有这一禁令了，俄罗斯的APEC（亚太经合组织）高官来北京磋商，我们总是在一起品尝茅台，畅谈茅台——“挡不住的诱惑”。

（2006年初修改稿）

六、奇妙的贩毒和反贩毒战线

（一）不入虎穴，焉得虎子——四访贩毒中心城市麦德林

1988年至1993年，我作为中国驻哥伦比亚大使，和夫人在哥伦比亚工作了多年。初到这个遥远的南美国家，我们十分陌生，知之甚少，只听说这个国家贩毒很厉害，美国进口的白粉（即可卡因）有百分之八十来自哥伦比亚。还听说，哥伦比亚的鲜花、祖母绿和咖啡世界闻名。这究竟是个什么样的国家？鲜花与毒品并存，咖啡与可卡因齐名！于是，我们带着十分好奇的心情观察这个国家。

到达首都圣菲波哥大，展现在我们面前的是一座宁静的具有西班牙建筑风格的美丽城市，鳞次栉比的楼房依山而建，到处是绿树常青、繁花似锦。这里的气候宜人，四季如春。

这种美好的印象、愉快的心情没有持续多久，接踵而来的便是某某大法官被暗杀了，某某报纸办公大楼被贩毒分子给炸毁了，某某前总统的女儿被绑架了……恐怖活动不断。如此见闻令我们心惊，也引起我们极大的好奇。我们要了解一下这究竟是怎么一回事？表面平静的社会，暗藏着十分不平静的一股浊流，它时而缓缓流过，时而兴风作浪。

我们利用有利的外交身份，同各界人士广泛接触，有意识地了解这方面的情况，询问他们对贩毒问题的看法，参观有关的地方和场所，亲自走访贩毒集团集中的城市，终于把这件事了解得比较清楚。

我们到哥伦比亚海滨城市巴兰基亚空军基地参观，当地空军司令亲自陪我们去看他们从贩毒分子那里缴获的五架不同类型的毒品运输机。老天！用飞机运送可卡因，那一飞机的白粉要伤害多少人呀！

我们曾四访贩毒集团的老窝——麦德林。“麦德林”，这个字好像是“可卡因”的同义词。尽管这个比首都还要美丽的城市是个很理想的旅游胜地，但由于它的安全问题，很多驻哥伦比亚大使夫妇都望而生畏，不敢涉足。

我们还是比较勇敢的。第一次去，地方当局出动六名武装警察骑摩托车前呼后拥，鸣哨开道，保护我们。我们觉得这样太“招摇过市”了，反而会引人注目，可能招来麻烦。对方十分尊重我们的意见，将保卫人员改成便衣。在我们访问结束登机飞回波哥大时，保镖们都坚持，一定要等飞机起飞后他们才离开机场。

第二次访问麦德林，省长为安全起见，用他私人的直升飞机把我们从机场接到省长办公大楼的楼顶降落，让我们直接进入他的办公室会见。

第三次访问麦德林，我们参加一个夜晚在广场上举行的万人聚会活动。在临时搭成的舞台上，他们载歌载舞，我们站在台下欣赏。整个过程秩序井然，情绪十分热烈，我们也很开心。但这可忙坏了保镖们。他们将我们围在中央，每人背我们而站，眼睛紧张地扫视四周，唯恐出现情况。与我们一起的某位企业家的夫人对我们说：“你们真了不起，不怕危险。其实，麦德林还是安全的，并不像外界宣传的那样可怕。”但我们想，“不入虎穴，焉得虎子”，不亲眼来看看，怎么能知道“贩毒集团”及其恐怖活动在整个哥伦比亚人们心目中的分量呢！

第四次访问麦德林，是去参加他们一个专门向外介绍麦德林的一部记录片的首映式。电视台让我们频频曝光，并趁机宣传，麦德林并不可怕，中国大使夫妇四访麦德林，受到人们非常友好热情的接待，愿中哥友谊万古长青！这次，保镖当中还有一位女保镖，专门保护大使夫人。这是一位年轻姑娘，中等身材，看上去很结实，据说还会点拳脚，身穿一套橘红色衫裤，手拎一黑皮包，看她包不离手的样子，估计里边放的一定是手枪了。她不离夫人左右，每天活动结束后，她总是将夫人送到宾馆房间的门口；早上一打开门，她已经站在门口等候我们了。多好的姑娘！我们由衷地感谢友好、好客的哥伦比亚朋友。

我们曾有过一次有惊无险的“遭遇”。那是1990年的6月，我们应邀到哥伦比亚历史名城卡塔赫纳出席新市长就职典礼。典礼是在古城堡城墙上举行的。正当新市长发表演说之际，从城东南角忽然传来一声巨响，在场全体人员为之一惊（后来知道，这是贩毒分子在当地安全局办公楼的对面放的一颗定时炸弹爆炸了）。虽然不知道发生了什么事，那些身穿笔挺军装的军警将校们，却不慌乱，悄悄引退，直奔现场。马上听到警车铃声大作，飞奔而去。就在这短短的一刹那，我们的几位便衣保镖立刻紧张起来，他们迅速站在我们身边，并马上戴上DAS（安全局）袖标，从提包中拿出小型冲锋枪，子弹“咔嚓”一声上了膛。这一举措吓了我们一跳！我们忙轻声对他们说：“别这么紧张，搞不好枪走了火岂不更麻烦，把枪收起来吧。”他们说：“这是我们的职责，有情况时必须这样，请放心。”当然，事情很快就过去了，典礼完毕，各自按次序退场，好像没发生什么事情一样。事过几年，有时想起来还有点后怕。

我们在哥伦比亚生活了将近五年，亲眼目睹和听闻很多事，积累了不少材料。目前，国际上非传统安全因素凸显，恐怖主义危险在上升，跨国贩毒及其各种恐怖活动和表现形式，值得认真对待。我们现在特意把有关材料整理出来，以“趣闻”方式献给读者，希望对一切关心反恐斗争，特别是关心贩毒问题和反贩毒斗争的读者有所助益。

（二）必然与偶然——是什么把这个大毒枭送上了西天

谈起贩毒问题，一般人都知道，哥伦比亚有个大毒枭巴勃罗·埃斯科瓦尔。多少年来，成千上万无辜的人惨遭他的杀害。他腰缠万贯，但满手血腥，人们对他恨之入骨。他多行不义必自毙，“不得善终”几乎是必然的，但事情的发生往往带有一定的偶然性。

大毒枭埃斯科瓦尔1992年7月越狱逃跑，尽管哥伦比亚政府悬赏150万美元巨款，美国还额外追加200万美元，并多方通缉和追捕，他仍然一直逍遥法外，长达一年零五个月之久。但他万万没有想到，“几次问候性的电话”终于把他送去见上帝了。

整个事件前后不过两个小时。

埃斯科瓦尔在逃期间，一直通过各种渠道同他的家庭和有关当局保持着经常的联系。他力图遥控家庭的命运，为自己的妻子儿女寻找一个“安乐窝”，以便有朝一日他可获“赦”而前往团聚。他曾试过不少国家，但都不如意。据说萨尔瓦多总统阿乐弗雷多曾表示欢迎他的家人前往，也未被这个逃犯接受。

挑来挑去，最后他觉得还是德国好。一切似乎都已安排妥当。他的妻子玛丽亚带着17岁的儿子胡安和9岁的女儿曼努埃拉，好像找到了归宿似的高兴地来到了德国。但由于哥伦比亚政府的反对和干预，德国有关当局未同意他们入境。玛丽亚不得已又带着子女回到了哥伦比亚，暂时住在首都波哥大豪华的德肯达玛五星级旅馆2901房间。

这是埃斯科瓦尔始料不及的。

埃斯科瓦尔这个大毒枭，在贩毒问题上残酷无情，杀人不眨眼，但对自己的亲人却关怀备至，温柔而慈祥。他闻讯后焦躁不安，急于想知道妻子儿女当时的状况，渴望同他们直接通话。

事情发生在1993年12月2日下午。

这时埃斯科瓦尔正躲在哥伦比亚第二大城市麦德林老区的一座两层楼的别墅里。下午1点37分，他大胆地拿起电话，直拨德肯达玛旅馆，要求接通2901房间，但没有成功。接着他又拨了两次电话，并佯称自己是“记者”，要求“采访”胡安。但事不凑巧，胡安这天早上已通知电话员不接任何记者打来的电话。他又未成功。他气急败坏，以各种方式进行威胁。

接线员在他的威逼下不敢怠慢，终于替他接通电话。与此同时，2901房间隔壁的套房里负责缉拿他的安全人员的窃听器和录音设备也开始工作了。

接电话的是他的宝贝儿子胡安。他喜出望外，问长问短，特别是要了解到底发生了什么事。

胡安为了安慰他父亲，说全家人都好，平安无事，只是居留德国的计划落空了，他们被迫又回到了波哥大。

“真气人，原来说的好好的，政府为什么在最后关头又变了卦，硬要欧洲国家拒绝你们入境？我要请求人权委员会进行干预。我要向新闻界发表谈话进行控诉！”他越说越激动，好像他不是个逃犯，而是个“人权的捍卫者”。他安慰儿子，说他生活得很好，政府是无法抓到他的，要他们放心。他请儿子好好照顾妹妹和妈妈，等着他进行下一步的安排。他还建议胡安找一个记者，以采访方式提一些问题，他可通过文传机作答，“揭露”有关方面不守信用，并发表他对解决问题的主张。他们谈了两分多钟。这时胡安好像发现了什么，突然紧张地说：

“爸爸，快挂掉电话！我爱你……”

埃斯科瓦尔此时也开始意识到自己的危险处境。他心里十分清楚，现代科技情报非常发达，警方很容易通过电话而发现他所在的位置。平时他每次打电话都不超过两分钟，以便在警方注意到他的声音但还来不及追踪和确定他所在的地方之前就又不见了。这次也许是由于对亲人的爱压倒了一切，他忘记和打破了常规，犯了一个致命的错误。

电话挂断了，但他先后从同一个地方打了几次电话，加起来已远远超过了两分钟，大大帮了警方的忙。

埃斯科瓦尔越狱逃跑后，哥伦比亚警方有一批专家一直在负责确定他打电话的地点。他每次打电话的声音早已被录下来，输入了高精度的电子计算机。计算机通过特别安置的雷达不断从截获的大量来往电话中辨认他的声音以及说话的方向和位置。这时计算机显示，方才向2901房间打电话的正是埃斯科瓦尔本人。

波哥大和麦德林的安全人员，都像猎犬似的伏在暗处，等着猎物的再次出现。

埃斯科瓦尔不安地吃完了午饭。这时已是2点32分，他好像还有什么话未说完，躺在床上又一次给2901房间打了电话，也许是想同妻子玛丽亚说几句悄悄话吧！可就在这时，2901隔壁房里的一个安全人员也拿起电话，快速通知设在麦德林的搜捕团通讯中心：“猎物又出现了。”中心几十名技术人员在一名干练的女军官领导下，立即投入紧张的工作，很快确定了埃斯科瓦尔的声音来自老区足球场周围400米的地方。

搜捕团指挥部根据女军官的报告，迅即派遣一个由17人组成的精锐的特别突击小组前往搜捕。

2点35分，小组人员带着精密探测仪器分三路向79A路45号那座两层小楼渐渐靠近。他们从仪器显示中进一步断定，电话就是从这里打出去的。

“胡安，有情况，不能再谈下去了，我吻你。”埃斯科瓦尔发现楼下情况异常，立即挂了电话，准备应付警方搜捕。

可是，就在这时，一个年轻的士兵已听到了他说话的声音，另一名士兵看到了他在窗边的身影，探测仪器的指针也正好指向零。于是指挥官立刻下令：“冲上去！”同时布置包围圈。

两个小伙子应声立即跳上车向正门发起攻击，另外几个人绕到小楼后边。这时埃斯科瓦尔身边唯一的保镖，一个绰号叫“柠檬”的人，端着手枪冲出大门。他是想转移突击队员的目标，但立刻中弹倒在血泊之中。此时埃斯科瓦尔已跳出窗户，闯到隔壁屋子的房顶上，想抵抗一阵子再寻机逃脱。没想到早已有几名突击队员埋伏在那里。激战就在房顶上开始了，没等他反应过来，他就陷入了一阵弹雨之下，头部连中三枪，腰腿部也弹孔累累。2点50分，当指挥官来到尸体旁边验明正身时，激动地高呼：“哥伦比亚万岁！”

这真是大快人心。消息传出，全世界都为哥伦比亚高兴。哥伦比亚安全部队不仅为自己的祖国，也为全球铲除了一大祸害。

（三）“监狱别墅”和“犯人总统”

哥伦比亚大规模反毒品斗争1984年就拉开了序幕，巴尔科总统执政时期达到了高潮。打击的重点是麦德林贩毒集团，其头子便是臭名昭著的巴勃罗·埃斯科瓦尔。巴尔科总统取得了相当大的战果，一些被抓到的头目还应美国的要求被引渡到美国受审。一名叫莱德的贩毒分子，被美国法院判刑123年。贩毒集团恼羞成怒。当时埃斯科瓦尔有一句名言："宁愿进哥伦比亚的坟墓，也不进美国的监狱。"他们与政府针锋相对，以牙还牙，公开以恐怖活动向政府宣战，使政府也付出了惨重代价，并伤害了很多无辜的老百姓。

矛盾一直在激化着，胜负也未见分晓。人们议论纷纷，既痛恨贩毒集团的残忍，又不满政府诸如"引渡"的一些具体做法。

1990年8月7日，哥伦比亚政府换届，加维里亚出任总统。他明确宣布，一定要继续执行巴尔科总统的政策，把反贩毒斗争进行到底。但他调整了政策，改变了策略。调整和改变的核心是镇压和怀柔、招安相结合，双管齐下；最重要的怀柔和招安条件是，废除同美国的"引渡条约"，凡主动投诚者刑期减半，有关财产的处理也大大从宽。

这一新的做法很快产生了良好效果。埃斯科瓦尔集团不久便对此表示欢迎，宣布"暂停同政府开战"，要求举行谈判。恐怖活动一时烟消云散，公众也松了一口气。

这时候，社会上很多重要人物公开出面或私下进行斡旋。其中最有名也是最成功的据说是一位神甫。经过他牵线搭桥，从中说项，终于取得默契（实际上是达成了不成文协议）。

1991年6月19日，轰动哥伦比亚和整个拉丁美洲乃至世界的事件发生了。这一天，哥伦比亚修宪大会通过决议，废除实施了近百年的"引渡条款"。几小时后，大毒枭埃斯科瓦尔率众向政府投诚。总检察长乘坐总统专机前往接受投诚，并把他们送进了"监狱"。

这个"监狱"是埃斯科瓦尔按照官方同意的条件自己请以色

列和法国专家设计建造的，耗资八百万美元。它坐落在麦德林埃斯科瓦尔自己的庄园里。这是一个群山环抱、森林茂密、环境优美、地处半山腰的一个开阔地段，周围还有九个“卫星庄园”，也全都是属于麦德林贩毒集团成员的。

表面乍一看去，还真像个监狱。它四周有密密的铁丝网，有安着电网的高高的防卫墙，还有三十多个军人瞭望亭。

更有甚者，监狱出口通道沿途有陆军部队和国家安全局人员设防。空军部队还在监狱外围布设了雷达系统和地对空导弹。当然，他们负有看守埃斯科瓦尔及其贩毒同伙的职责，也有防止外来势力突然袭击和抓捕、杀害埃斯科瓦尔等人的任务。目的是双重的:“看守”和“保护”，以防意外，避免造成国家新的动乱。

监狱里面则是另一番天地，是哥伦比亚的“世外桃源”。

大毒枭埃斯科瓦尔本人就有三套不同的房间：楼下主套房、楼上客房以及庭院式的独居室，内设酒吧、设计考究的高档家具、地毯、大屏幕彩电、组合音响、录像机、电冰箱以及豪华的席梦思床和浴室。在这所监狱里，还设有大型会议室、电台、可通向世界各地的电话以及与全国联网的电子计算机。

狱内还专门为埃斯科瓦尔及其同伙修了一个足球场和健身房。

埃斯科瓦尔在15名辩护律师担保下，可以自由进出监狱，与家人团聚，有时还带着妻子骑摩托车外出兜风。探监者络绎不绝，埃斯科瓦尔入狱后一个半月内就有465人之多。埃斯科瓦尔及其同伙还不时召来妓女在狱中鬼混，高兴时还举行节日庆祝活动和舞会。

更为严重的是，埃斯科瓦尔在狱中从未真正洗手不干，实际上仍暗中领导着麦德林贩毒集团的罪恶活动。

埃斯科瓦尔还有一个特权，那就是可以自由挑选狱中的看守。在28名看守中，有17名是他亲自从其家乡恩维加多选来的，他们个个精干并配有最先进的各种轻武器，听命并服务于埃斯科瓦尔。他们名为“看守”，实为“保镖”兼“服务员”。所以人们讽刺说，在这个监狱里，大毒枭犹如“总统”，看守们就是“总统侍从”。这个监狱不是什么牢房，而是豪华舒适的“别墅”和“疗养院”。

在麦德林市郊的一个山坡上，专门安放了一架大望远镜。游客花200比索便可一饱眼福，观赏这个“监狱景点”。我们1991年参观麦德林时，曾经一试。当地司机像讲故事一样向我们介绍监狱情况，我们感慨万分。当时大毒枭埃斯科瓦尔还活着，现在他已见上帝去了，这个“景点”也许有一天会全部开放，让人们参观和评说吧！

（四）逃之夭夭，逍遥法外

事情发生在1992年7月22日夜晚。

大毒枭埃斯科瓦尔及其九名同案要犯，从戒备森严的恩维加多监狱逃跑了。消息传来，全世界震惊，哥伦比亚更是全国震动。美国首先表示不满和愤慨，拉美很多国家也感到茫然，但普遍同情哥伦比亚政府的困难处境，并对加维里亚总统表示支持。加维里亚总统被迫无法出席在西班牙举行的第二次伊比利亚美洲首脑会议，留下来亲自处理这一突发事件。哥伦比亚舆论强烈要求追究责任。一些国会议员甚至提出要弹劾司法部长和国防部长。一场政治危机几乎就要酿成了。这时，加维里亚总统当机立断，把看守监狱的部队和警察全部撤换。全国监狱长、司法部副部长、空军代司令、陆军第四旅旅长等四十多名政府官员和将领也倒了霉，全被撤职了。加维里亚还宣布，要尽一切力量，不惜一切代价，一定要把大毒枭埃斯科瓦尔及其同伙缉拿归案。

埃斯科瓦尔本来就是有条件的自愿投诚。政府待他也不薄，他坐的牢房实际上是特为他修建的高级疗养院，豪华、舒适、安全而且自由。那么，他为什么忽然要越狱逃跑呢？他又是怎样跑掉的呢？

这些好像都是个谜，其实不然。

有人说，他逃跑是因为麦德林贩毒集团出现了内讧，有人想取埃斯科瓦尔而代之，并扬言要干掉他的儿子。埃斯科瓦尔想出狱亲自处理此事，惩罚不忠分子，巩固自己的地位。

有人说，麦德林贩毒集团同卡利贩毒集团矛盾加深，后者日益坐大，占据了除迈阿密以外的美国其他城市和世界很多地区的市场。埃斯科瓦尔不愿甘拜下风，希图出狱直接指挥同该集团的斗争，挽回颓势，重当盟主。

也有人说，埃斯科瓦尔同政府发生了误会，以为政府可能要撕毁他们之间的“君子协定”，置他于真正的牢房。

这些说法都不无道理。但最重要的原因可能还是害怕美国以武装偷袭的方式前来抓他。

1992年6月，美国高等法院裁决，美国可以在国外抓捕、缉拿罪犯，并把他们押到美国受审。美国这么说了，也开始这么做了（已在拉美某国武装突袭，抓走了两人）。美国这种侵犯别国主权的霸权主义行径这里姑且不谈，它对埃斯科瓦尔本人及其同伙的威胁却是实实在在的。埃斯科瓦尔那些日子坐卧不安，深怕美国以空降等突袭方式对他及其同伙武装抓捕，把他们投入美国的法庭和监狱。

哥伦比亚政府这时也有同感。7月上中旬，他们发现监狱附近出现了异常现象，还发现有不明国籍的飞机在上空盘旋，因此很担心美国来武装抓捕狱中的贩毒头子。为了不出意外，确保埃斯科瓦尔等人的生命安全，更为了全国的安定，避免动乱，加维里亚总统紧急召开了国家安全委员会会议，决定把他们暂时秘密转移到陆军第四旅驻地看管。司法部副部长奉命带了几名武装随从前往监狱安排一切，同时还派了一架专机去执行转移任务。

据说，由于这位副部长在交代政府意图时（或谈判时），表达方式欠佳，语义含糊，处置欠妥，加深了埃斯科瓦尔等人对政府的怀疑，担心其中有诈，不愿转移。于是双方发生了激烈的争执和冲突。这时，大部分是埃斯科瓦尔保镖的“看守”们立即投入战斗，迅速制服了对方，把那位副部长和监狱长等几个主要人物绑了起来。

“事已至此，必须立即越狱逃脱，没有别的出路。”埃斯科瓦尔一面下令行动，一面男扮女装，在“看守”们和一些潜伏在陆军的官兵掩护下，伙同他的九个主要干将，趁黑夜冲出了恩维加多监狱。沿途有七十多人接应，冲破了重重封锁线，摆脱了八百多军人从空中和陆地的围追搜捕，最后神不知鬼不觉地消失了。

为早日缉拿埃斯科瓦尔归案，哥伦比亚政府悬赏10亿比索（当时约合150万美元），接下来美国又额外追加了200万美元。电视上天天出现埃斯科瓦尔的特写镜头。哥伦比亚负责缉毒的警察特种部队和情报机关几乎全部动员起来，进行寻觅和追踪。麦德林附近山上增加了专门为此而设的雷达站，山区上空常有直升飞机巡逻，便衣缉毒人员更是活动频繁。

然而，埃斯科瓦尔究竟在哪里呢？

有人说，埃斯科瓦尔逃到山上准备打游击去了。有人说，他可能就躲在某个军政要员的家里，正在享着清福。也有人说，他可能隐姓埋名，化妆逃到国外去了。

其实，他就在麦德林的附近躲来躲去。有人知道他的下落不敢报警，怕350万美元未到手自己的人头就落地了。有人知情不愿报，因为曾受过埃斯科瓦尔的“恩惠”。军警和特工人员如无确凿证据，也不能随便闯入民宅，否则就要负法律责任。

就这样，埃斯科瓦尔一直逍遥法外长达一年零五个月。

哥伦比亚政府反贩毒集团的态度是坚决的，老百姓中不乏正义之士，金钱虽然很诱惑人，可收买人，但毕竟不是万能。在这期间埃斯科瓦尔的九个主要同伙中六人已重新向政府投诚，三个被打死。内部开始众叛亲离，他渐渐成了孤家寡人和惊弓之鸟。终于在1993年12月2日的下午，因他连续几次给家属打电话而暴露了藏身之地，从而导致受到致命一击而上了西天。

（五）三年河东转河西

中国人永远不会忘记鸦片的毒害和鸦片战争，更不会忘记由此而给我们带来的屈辱。我小时就看到抽大烟的人，他们骨瘦如柴，形如鬼魅，一副病入膏肓的可怜相，成瘾之后，身不由己，会把一个好端端的家庭弄得衰败不堪，最后家破人亡。

那时候，偌大个中国，在世界人民面前的形象是“东亚病夫”，中国人民永远不会忘记世界列强带给我们屈辱的时代。

新中国成立后，由于政府严格禁毒反毒，并采取坚决措施，这一长达世纪之久的丑恶现象终于从中国土地上消失了。中国人民开始健康成长。

“三年河东转河西”。第二次世界大战后，特别是从20世纪70年代起，吸毒问题在西方尤其是美国开始蔓延起来。据不完全统计，美国现在吸毒成瘾的人数以千万计，偶尔吸毒的人数更多，其中有不少是青少年。他们吸用的大麻和可卡因毒性比鸦片更大，方法也更先进（有的靠针剂），价格当然也更昂贵。现在，美国吸毒者每年在这方面的花费约400亿—500亿美元，相当于哥伦比亚一年的国民生产总值。这笔钱既不纳税，更不产生就业。1991年，美国联邦政府有关反毒活动的开支为110亿美元，各州、市的开支为160亿美元，总共270亿美元，这还不包括有关外援款项，加起来至少在700亿美元以上。这对美国政府不能不说是个沉重的负担。不仅如此，它还为美国带来了严重的社会和道德问题。

欧洲不少国家在这方面的情况也不比美国好多少。

据联合国1999年的《人类发展报告》估计，全球每年的非法毒品交易额高达4000亿美元，大约相当于世界贸易总额的8%左右。许多国家的贩毒吸毒现象日益严重。

“己所不欲，勿施于人。”我们从不赞成“报应”之说，对美、欧出现的上述情况并无幸灾乐祸之意。相反，我们感到遗憾，为他们痛心。

毒品问题是人类文明史上的一个大污点。近几年来，跨国贩毒活动不仅十分猖獗，而且有同国际恐怖活动相结合的趋势，危害也日益加深。实际上，现在我国也开始重新面临毒品问题，而且在一些地方相当严重。我们有责任与国际社会共同努力，携手打击和消灭毒品犯罪，把它送到历史的垃圾堆去。

（六）大毒枭及其“毒品王朝”

“重赏之下，必有勇夫。”重利之下，当然也会出现投机者和冒险者。大约从20世纪70年代开始，美欧对毒品的需求量日益增多，毒品价格几乎呈直线上升趋势。到80年代，国际市场上每克可卡因售价高达250美元左右，比黄金还要贵好几倍。1990年，1公斤可卡因在南美批发价约1万美元，偷运到美欧后就猛增至20万—30万美元，利润数十倍。

就是在这种高利润的刺激下，南美一些国家里的毒品原料生产、加工提炼和转运贩卖就应运而生了。据南美报刊透露，在哥伦比亚、玻利维亚和秘鲁逐渐形成了一个“南美毒品金三角”，玻、秘是主要生产地，哥伦比亚一些偏僻山区也生产，但它主要是加工提炼和转运贩卖。尽管哥伦比亚政府始终反对，哥伦比亚广大人民也极不赞同或不屑为之，但在全国还是出现了十多个大小不等的集团，直接从业者数千人，间接从业和种植者达二三十万人之多。20世纪80年代，哥伦比亚贩毒分子每年从国外获利40亿—70亿美元。仅1990年，他们在国内投资和购买私人财物及挥霍就耗费了60亿美元，相当于哥伦比亚国民生产总值的九分之一。

在哥伦比亚贩毒集团中，最显赫的要数麦德林集团，它的头子巴勃罗·埃斯科瓦尔成了全世界最有钱的人物之一，有人说他至少拥有60多亿美元的私人财产。仅在他的一个庄园里，就有中型客机一架，小型客机5架，直升飞机一架，还有防弹车、卫队、侍从官和有着四头大象的全国最大的动物园。

这个集团有十几名核心成员，其中包括埃斯科瓦尔的弟弟罗伯特和一个后来被引渡到美国、被美国法院判了123年徒刑的莱德。后者也是个世界亿万富翁，据说在加勒比海某国他还买了一个私人小岛供转运毒品之用。

这个集团财力雄厚，权力巨大、集中，组织严密，武器装备精良，国际国内联络广泛、深入，是哥伦比亚一个实实在在的“国中之国”。人们称它为该国的“毒品王朝”，埃斯科瓦尔就是这个“王朝”的暴君。

这个集团采取两手政策：笼络收买和恐怖暗杀。笼络收买主要包括：（1）小恩小惠和慈善捐献以赢得公众，特别是家乡老百姓的好感。（2）重金收买军警特官员和政要，以安插内线。（3）

高价雇用各类人员以各种方式帮助转运毒品以便通关。恐怖暗杀的重点是坚决反贩毒的政府高级官员，尤其是法官和律师，其次是告密通“敌”（政府）者或内部不忠分子，对被捕人员，必要时也要干掉，杀人灭口。

这个集团吸取意大利黑手党的经验，拥有一批训练有素的杀手，专事恐怖活动，诸如绑架、暗杀、爆炸、纵火，无所不用其极。其成员一旦身份暴露或被捕，几乎就必死无疑，如不自杀就会被其他杀手干掉，但家属却往往得到一笔可观的“抚恤金”。

这个集团掌握着一支装备精良的部队，据美国一位高级外交官说，他们的武器在某些方面比政府的还先进，他们同国内某些武装游击队组织“互相关照”，形成一股可以随时应变的突击力量。很多哥伦比亚人说，这些先进的武器大多是从美国偷偷购买的。

这个集团经过长期经营建立了一个效率很高的情报网。政府方面一有什么动静，“内线”人物马上通报情况。有时政府派去搜捕的军警还未出发，他们早就转移了，或准备好了伏击。他们在太平洋和加勒比海沿岸装有警报系统，可监视过往船只和飞机，及时发现可疑情况，保护贩毒运输线的安全。

他们还有自己的先进运输工具。有运输机和直升机，有小机场、快艇、“渔船”和豪华的车辆。1989年我们有机会参观了巴兰基亚空军基地。那正是巴尔科总统打击贩毒集团最严厉的时候，北方军区空军司令带我们参观了他的“战利品”：三架中型和两架小型运输机。司令官自豪地说，这是三个月来北方空军的战果，是对贩毒分子的一个打击。但这还不够，还远远没有伤他们的元气。

他们还有一支庞大的个体运输队伍。其中鸡鸣狗盗之徒几乎应有尽有，有美女和肥婆，有年迈老人和“重病号”，还有平常的游客和商人。方式也五花八门。有时把纯度很高的可卡因胶袋放进肥女人的臀部内（外科手术后），有时把可卡因放在动物的膀胱中煮后缩小，然后放进漂亮小姐的阴道和子宫里。一次有个男人吞下了60颗特制高纯度可卡因胶囊，准备飞机到达目的地后即行便出，不料一颗破在胃里，被邻近美国的某国有关当局发现。不少人因此而发了横财，也有不少人成了囚犯或招来杀身之祸。

这个集团的头子们生活也很腐化。赌博、酗酒、玩女人是他们的家常便饭。他们杀人如麻，挥金如土。据哥伦比亚报载，在他们的某个据点，连妓女的收费也比其他地方高出十倍。

哥伦比亚人民以此为耻。哥伦比亚政府坚决反贩毒斗争的政策代表了广大人民的意愿，受到世界广泛支持。哥伦比亚“毒品王朝”几年来元气大伤，分崩离析，但它还远没有覆灭，有时活动仍很猖獗，有点死灰复燃的状况和趋势。这是什么原因，值得人们深思。

（七）奇特的影响

贩毒收入乃不义之财。善良正直的哥伦比亚人是不屑用这种脏钱的，哥伦比亚政府更不愿沾它的边。据传，大毒枭埃斯科瓦尔在同某前总统接触时，曾“慷慨表示”，他的集团愿帮助政府偿还全部外债（当时约180多亿美元），遭到断然拒绝。

有钱未必能使鬼推磨。但麦德林集团手中积累了多达近500亿美元的财富，它总是要产生影响的。

贩毒集团赚的外汇收入是非法的，被称为“毒品钱”。这些钱必须通过银行系统和正常投资渠道才能转为合法，又被称为“洗钱”。尽管哥伦比亚有关当局严加管理和防范，“毒品美元”

还是从国外源源而来，据说一年多达15亿—20亿美元，超过了哥伦比亚主要出口产品咖啡的外汇收入，客观上无形地帮了国家的忙。大毒枭埃斯科瓦尔曾公开扬言，如果没有这笔收入，哥伦比亚就会发生像其他拉美国家那样的经济危机。

由于大量“洗钱”的出现，哥伦比亚某些方面筹集资金也容易得多，有些行业迅速发展。首都圣菲波哥大和麦德林市20世纪80年代以来建筑业大发展，变得越来越漂亮，越来越现代化，据哥伦比亚一些报刊披露，在很大程度上是“洗钱”发挥了作用。

在各国外汇市场上，除本国货币是通用货币的国家外，在其他国家一般黑市的美元兑换价都高于、甚至大大高于官方规定的兑换价。但在哥伦比亚却不然，因社会上有大量的“毒品美元”要找出路，黑市美元兑换价总是低于官方兑换价。哥伦比亚外汇可以自由使用，可是在商店里购物，如果你付美元，在一般情况下，售货员将拒收。在旅馆里如果你支付美元，比价更低，要比你付当地货币（比索）吃亏好多。

更奇特的是，尽管大毒枭埃斯科瓦尔罪恶累累，哥伦比亚人民对他恨之入骨，在他被击毙后，据哥报报道，在现场围观的人群中，居然有不少人流泪，甚至有人呼喊：“巴勃罗！巴勃罗！你怎么被打死了！”在安葬前其家属为其守灵时，竟有成千上万的人连夜赶去向遗体告别，其中当然有很多是去看热闹的，但从当时电视新闻上看，确有人在流泪。一家周刊报道了当时的场面，一个老太太手扶棺材，痛哭失声地说：“唉，我的爹啊！他们怎么把你给杀了！”埃斯科瓦尔的母亲见此情景感叹万分，她用带有挑战的口气自我安慰地说：“有这么多人来为我儿子送葬，我真高兴，我不再悲痛了！”

很多人对此感到难以理解。其实，说怪也不怪。狡猾的埃斯科瓦尔，为了便于生存，平时在家乡广施小恩小惠，兴办慈善事业，救济穷人，资助教育和足球等体育活动。这些钱加起来也不过是他贩毒收入的九牛一毛，但却收到了“奇效”，被一些人奉为“教父”、劫富济贫的“现代罗宾汉”。他们认为，埃斯科瓦尔赚的是美国人的钱，美国人愿意吸毒，他贩毒，他给哥伦比亚带来的好处比坏处多；埃斯科瓦尔是发不义之财，但他不剥削穷人，他成了大富翁还想着我们穷人，为我们办好事；他赚了美国人的钱，这有什么不好。

然而，毒枭就是毒枭，在哥伦比亚和世界人民心目中，他永远以一个十恶不赦的大罪犯的名声而被载入史册。

（八）惨重的代价

1984年4月30日，哥伦比亚一颗明星陨落了。当时的贝当古尔总统政府的司法部长拉纳惨遭贩毒恐怖分子枪杀。原因很简单，拉纳上任后，曾以最大的魄力开展了一场反贩毒斗争，下令通缉一大批贩毒分子，查获了12吨毒品（相当于当时美国市场上消耗量的四分之一）。他倡议安第斯集团国家联合行动，共同缉毒。他不愧为哥伦比亚的反毒先锋。他的行动触犯了贩毒集团的根本利益，各贩毒集团都十分仇视他，必欲除之而后快。尽管他已内定为驻捷克斯洛伐克大使，即将离职赴任，却未能幸免而惨遭毒手。两名刺客一个被警卫人员当场击毙，一个受伤被俘供认不讳，他们是麦德林贩毒集团重金雇用的杀手。

这一事件震动了哥伦比亚全国，轰动了美欧，也拉开了哥伦比亚反毒品斗争的序幕。贝当古尔总统认为，毒品问题是哥伦比亚历史上的一大污点，它伤害人们的身体，破坏社会道义，损害国家的名声和形象，是犯罪和堕落的根源。在拉纳遇刺后，他进一步开展了更大规模的反毒斗争，受到人们广泛的欢迎和支持，也得到国际舆论的好评。

1986年8月巴尔科出任总统后，更加强了反毒品斗争，不到半年就逮捕了2000多名贩毒分子，其中包括赫赫有名的莱德，查封了近300个毒品秘密加工厂，缴获了一批枪支弹药和小型运输机，以及48000公斤大麻和2000多公斤可卡因。

战果应该说不小，但毒品走私活动仍很猖獗，而且有增无减。更为严重的是，贩毒集团针锋相对，以牙还牙，不断制造恐怖暗杀事件，到1989年达到了高潮。8月中旬，三天之内麦德林贩毒集团先后杀害了安蒂奥基亚省警察司令、最高法院大法官和自由党总统候选人加兰（此前已杀了两名总统候选人）。加兰政治上很有远见，聪明、能干、年轻，在哥伦比亚人民中享有很高的威望，几乎是公认的最有希望的总统候选人。他是中国的老朋友，我们曾有幸同他见过几面，非常友好。他曾向我们表示，他如当选，他将作为哥伦比亚第一个在任总统访问中国。对于他的死，我们是很悲痛的，很多人流了泪，中哥两国人民的热泪流在一起了。

是可忍，孰不可忍！加兰之死震憾了哥伦比亚，也震憾了美欧。哥伦比亚全国上下强烈要求严厉打击贩毒集团和他们的恐怖活动，要求一定要把他们绳之以法。拉美和世界各国纷纷谴责这种恐怖暴力行径，同情和支持哥伦比亚政府的正义斗争。

在这一新形势下，巴尔科总统于1989年8月19日宣布，政府决定向贩毒集团“全面宣战”，同时恢复向美国引渡贩毒罪犯。美国总统布什立即表示愿意同巴尔科总统探讨合作方式，并批准向哥伦比亚提供6500万美元的援助。英、法也赞赏哥伦比亚政府的勇敢和坚决行动。拉美国家更是多方声援和支持。

当时哥伦比亚社会上曾有一种传闻，说巴尔科总统之所以反毒品斗争坚决，是因为他夫人是美国人，是为了适应美国的需要；哥伦比亚反贩毒斗争实际上是“北方司令指挥南方司令”（指布什指挥巴尔科）。我们在哥伦比亚工作了多年，凭我们的观察和了解，这是不符合事实的。巴尔科总统反贩毒是诚心诚意的，全力以赴的。

贩毒集团针锋相对，寸步不让，开始了更大规模的恐怖活动。他们先后杀害了共和国总检察长，炸毁了国家安全总部办公大楼和坚持反毒品斗争的《旁观者报》社址，炸毁了民航客机（使107人丧生），破坏经济设施，炸断输油管，绑架知名人士家属。前总统巴斯蒂拉那的女儿、一个年轻的女记者，也被他们绑架并杀害了。

“城门失火，殃及池鱼”。炸弹是不长眼睛的。很多无辜的老百姓有时去超市购物或路过某建筑物，正好“中头彩”，碰上定时炸弹，或汽车上的炸药爆炸，有的全家丧命，有的一对情侣归天，惨不忍睹。在这种恶劣的气氛下，全国餐馆营业额一度下降75%，旅馆业下降25%。据了解，贩毒分子为了制造更大事件，曾在离某部长和一位将军不远的一条街上，放了一辆装有七吨炸药的大卡车，此地离我们官邸只隔四条小胡同，离两个西方国家使馆更近。幸好在定时爆炸前几个小时被发现，才避免了一场巨大的灾难。当然，我们也幸免了。现在想起来，还真有点后怕。

斗争是残酷的，付出的代价是十分惨重的，但是很值得，也是很崇高的。它沉重地打击了贩毒集团及其恐怖活动，赢得了全世界人民的同情和赞扬。

（九）合作、矛盾和斗争

哥伦比亚政府反毒品斗争一直得到美国政府的赞同和支持，双方有着多方面的密切合作。美国曾给哥伦比亚6500万美元的专款援助，哥伦比亚警察缉毒局拥有美国赠送的三十八架直升飞机和轻型飞机。美国还帮助哥伦比亚训练专业人员，向哥伦比亚提供“最现代化的技术和设备”，派遣缉毒专家。双方还建立了“热线联系”，以及互通情报乃至联合行动。“9·11”事件后，两国在这方面的合作进一步加强，现在，在哥伦比亚的反贩毒斗争同反恐斗争实际上已合为一体了，而且还为此制定了一个新的“哥伦比亚计划”，对付武装游击队和贩毒活动。

但两国矛盾也是相当深刻的，斗争有时也很激烈。

在毒品问题上，究竟是先有吸毒（消费）还是先有供毒（生产）？“罪”，或者说“责任”，究竟在何方？这一直是哥美争论不休的问题。哥伦比亚政府和舆论一直认为，罪不在哥而在美，美国有如此众多的吸毒者，而且愿出比金子还贵的高价，这就必然刺激生产，引诱犯罪和冒险。因此，要求美国首先采取更有力的措施严禁吸毒，减少和扫除毒品消费。美国则认为，罪在哥伦比亚而不在美国，你如果不种植、不生产、不贩卖，何来消费？因此，要求哥伦比亚等有关拉美国家首先铲除种植，严厉打击加工和贩毒。双方舆论和官员不时相互指责。在有关国际会议上，有时双方代表也为此而唇枪舌战。谁也无法作出结论。不过好在双方都没有忘记自己的责任，都在尽责。这对世界范围的反毒品斗争是有利的。但“9·11”事件后，哥伦比亚舆论对美国过多的直接军事参与和进入哥伦比亚本土，一直存有戒心，颇有微辞。

哥伦比亚宪法有允许引渡条款，哥美之间也有引渡关系。但把抓到的贩毒分子一个接一个引渡到美国审判，在哥伦比亚人民心目中毕竟不是一件体面的事。有些舆论认为，这样长此下去，实在“有伤国体”，也使贩毒分子感到没有出路。1991年6月，加维里亚总统决定，停止再向美国引渡，哥伦比亚修宪议会也通过了相应决议废除了引渡条款。这一政策很快产生了威力，贩毒集团单方面宣布停止同政府作战，大毒枭也率众有条件地投诚。美国当时虽欢迎埃斯科瓦尔投诚，但认为哥伦比亚废除“引渡条款”是一个“错误”。他们怀疑哥伦比亚司法的权威和公正。美国领导人公开表示，美国要把毒枭带到美国的法庭上。美国向哥伦比亚施加了强大的压力，要求对毒枭进行严厉的审判，甚至扬言威胁，说两国关系取决于最后判决。哥伦比亚出于主权原则和自尊，也为了促进国内的安定，没有买美国的账，坚持了正确的政策。

哥伦比亚为了加强反毒品斗争的威力，确需美国的合作与支持。但对美方要求派缉毒部队进驻哥伦比亚和飞机直接参与缉毒则不愿苟同；对美方宣布它有权到别国缉拿或绑架毒犯到美国受审，则更是反对。哥伦比亚认为，这些都牵涉到国家主权。双方一直达不成协议，结果美国那个“北方司令”当然也就根本无法指挥哥伦比亚这边的“南方司令”，只能面对现实，协同行动。

贩毒集团为了达到转运毒品的目的，几乎是无孔不入，无空不钻。哥伦比亚是世界第二大鲜花出口国，大部分空运美国销售。贩毒分子曾收买有关人员把毒品藏在鲜花包装里运往美国。其实，这只是个别现象，而且哥伦比亚有关方面后来也采取了非常严格的检查措施，一些鲜花出口公司内部还有“连坐”法规，哪个包装小组出了夹带毒品出口问题，全部要“炒鱿鱼”。尽管如此，美方在发现后还是对从哥伦比亚的鲜花进口采取了严厉限制，使哥方贸易一度遭到很大损失。这类事件不时发生，不能不影响两国关系。人们认为，美国严厉防止毒品进口值得称赞，一些严格措施也可以理解，但抓住一点不放，往往给人一种霸道的感觉。哥伦比亚喜欢美国人，但很不喜欢美国以老大自居的霸道行为。

（十）非传统安全领域的共同问题

1993年12月2日哥伦比亚大毒枭被击毙后，一些舆论认为，哥伦比亚近代史上最悲惨、暴力的一页结束了，麦德林贩毒集团行将彻底覆灭，其他贩毒集团也难免同样的命运，似乎西线快无战事了。但现实证明，这未免太乐观，也太天真了。

大毒枭埃斯科瓦尔不是一个孤立的人，他也有一定的代表性，是当今时代社会和经济的产物。埃斯科瓦尔去见上帝了，莱德将在美国的监狱坐123年牢，但只要毒品问题的根源未解决，他们就自有“接班人”，“西线”也不可能“无战事”。这同世界反恐斗争形势颇有相似之处。反恐如不标本兼治，也会出现“春风吹又生”的局面。

首先有个社会问题。美、欧有数千万人吸毒成瘾，每年毒品消费量价值近千亿美元。这是短期内不可能解决的大难题。这一客观事实的长期存在，必然大大刺激和鼓励毒品原料的生产，诱发产生新的冒险和投机分子从事贩毒活动。这是难以避免的。

其次，也是同样重要的，有个经济问题。在哥伦比亚、玻利维亚和秘鲁等一些南美国家，在一些贫困地区，农民种植传统作物收入低微。毒品原料古柯是一种常绿灌木，大麻是一年收获两季的草本植物。农民种植这些作物收益快，利润高，尝到了甜头，何乐而不为？而且他们一般都种过很多年，现在有什么力量能使他们改变主意？几乎没有。美国曾试图用经援帮助改种其他经济作物，有关国家也愿意这么做。但美国实际上又拿不出那么多钱，要人家“以自力更生为主”，结果还是行不通，还背了个“说得好听，口惠而实不至”的不好名声。

此外，还有组织、政治和立法等一系列其他问题。埃斯科瓦尔死了，麦德林贩毒集团群龙无首，似乎已树倒猢狲散，但事实证明，他们人还在，心未死，其他贩毒集团的活动实际上也从未停止过。贩毒集团吸取经验教训，组织上已出现分散的小型集团，有化整为零的趋势。贩毒集团在政治上继续寻找代理人，从各方面施加影响。几年前，一些国家出现让毒品合法化、拥有和使用少量毒品为合法的舆论，看来也并非偶然。

总之，在反毒品斗争问题上，如前所说，西线仍有战事。不仅“西线”有，现在“东线”也有。这已是国际非传统安全领域的一大突出问题，带有普遍性和全球性，而且，贩毒集团也搞恐怖活动，甚至同恐怖集团狼狈为奸。因此，在反贩毒问题上，不应有“西线”和“东线”之分，也不必争论先有鸡还是先有蛋，而应各尽其责，加强合作，共同努力，标本兼治，争取把这一丑恶现象从人类社会彻底铲除，让我们的子孙后代过健康、幸福的生活。

救救那些吸毒者吧！

七、“亚太经合组织”从哪里来到哪里去

——答《中国经济时报》记者韩柏晶女士问

原采访按语：今年我国是“亚太经合组织”（APEC）东道主，第九次APEC领导人非正式会议和第十三届双部长会将于10月在我国上海举行。这是我国今年外交上的一件大事，也是APEC本身的一件大事，有关方面都对之寄予厚望，我国广大读者，特别是工商界，更是十分关切，希望比较深入地了解APEC的背景、现状和发展趋势，以及对我国的重要意义。为此，我特地采访了曾长期担任中国APEC高官的王嵎生大使。现将他的答问报道如下。

（注：本篇采访写于2001年）

（一）为什么在1989年成立APEC，它诞生的背景如何？

20世纪80年代中后期，东欧形势剧变，苏联加速解体，冷战行将结束，世界开始进入后冷战时期。这一时期主要有以下一

些特点：

1.世界人民在饱受数十年战乱之苦后，热切渴望一个新时代的来临，和平与发展成为时代的两大主题，世界进入综合国力竞争时期，经济因素在国际关系中的地位明显上升。

2.一霸称雄开始取代两霸争夺的局面，同时，由于资本主义政治经济发展不平衡规律的影响，以及第三世界的崛起，世界多极化的趋势也随之显现并加快发展。

3.由于高科技、特别是信息技术的发展，经济全球化也加快了发展速度，并呼唤贸易和投资自由化，以及更加广泛和更深层次的经济技术合作。区域集团化的趋势渐成潮流，欧共体加速发展，北美自由贸易区也已显雏形。

4.东亚迅速崛起，已开始同北美和欧盟在经济上近乎形成三足鼎立之势，被世界银行称之为“东亚奇迹”。1985年至1995年，东亚发展中国家和地区经济增长速度平均保持在7%—8%左右，远远超过了全球发展中国家4.3%的水平，更超过了发达国家3%的水平。它们的外贸进出口年平均增长率大大超过了世界贸易增长的速度。美国同东亚的贸易额已大于美欧之间的贸易额。东亚国家和地区的外汇储备也已赶上和超过了美、加、英、法、德、意六大工业国。

APEC正是在这一宏观背景下诞生的。

当然，1989年APEC成立时，12个经济体既有共同利益和要求，也有不同利益和考虑。如：

1.澳大利亚当时的总理霍克倡导成立APEC，主要是由于担心在新形势下被“边缘化”和被抛在一边的危险，加强了背靠美国发展与亚洲关系的进程。

2.美国经济一直到80年代中期，仍处于相对低迷和削弱阶段，国际贸易逆差严重，它的五大贸易逆差伙伴中，除德国外，四个都在亚洲（日本、中国、中国台北和韩国）。美国在亚洲市场的份额每增加一个百分点，就可以增加30万个与出口相关的就业机会。美国积极推动成立APEC，主要原因之一就是为了要打开亚洲市场。它要的是贸易投资自由化和市场准入，防的是日本在东亚经济发展中掌握主导权，同欧盟同时兴起与它分庭抗礼。当然，美国作为超级大国，它的目标并非仅此而已。面对冷战后的世界形势，特别是东亚的崛起，它还有更大的战略考虑和要求。克林顿总统在提出振兴美国经济口号的同时，还有一个“新太平洋主义”，即利用经济全球化发展趋势，大力推动全球经济“一体化”，实际上也就是“美国化”或“美国模式”；普及民主、自由和人权等方面的所谓“美式价值观”；建立以美国为领导——至少由美国主导的“安全体系”。APEC在美国的心目中正是这种“新太平洋主义”的一个部分。

3. 日本作为世界第二经济大国，一方面努力寻求政治大国地位，一方面企图凭借其经济实力，确立其在东亚经济上的盟主地位，争取与美、欧三分天下，与美国分享在整个亚洲和太平洋地区的主导权。

4. 东盟七八十年代经济迅速腾飞，出现了持续高增长，但经济上作为独立的一极，仍显力量不足，急需在新的世界格局中找准对自己有利的方位。它们既需要依托，又需要平衡和协调；既需要开放和自由贸易，又需要适当的保护和自主。

5. 我国1991年加入APEC，也有借势加深加快改革开放进程、经济上更好地同国际接轨的考虑。当然，其中也包括政治上营造地区和平睦邻环境、探讨建立更加公平合理的国际关系的追求。

APEC诞生的上述宏观和微观背景决定了它的基本性质、运作原则和发展方向，以及由于利益和认识的差异而引起的、似乎难以完全避免的矛盾和争议。

APEC从一开始就是一个“具有实质内容的官方论坛”，它并不是欧盟或WTO那样的有法规和约束力的组织，也不是空谈俱乐部。它在贸易投资自由化和经济技术合作方面起着引导方向和推动作用。它不搞谈判，也不签订协定，但它进行磋商和承诺，在“协商一致”基础上共同制定宏观（战略）目标，各成员在自愿基础上努力达标。APEC的这种性质和运作方式比较符合亚太地区巨大多样性的实际和特点，是一种新型的地区合作组织。

（二）APEC成立以来主要有哪些成就？是否也有一些矛盾和争议？

APEC成立以来取得了不少成绩，在我看来主要有以下一些方面：

1. APEC领导人1993年在西雅图《经济展望声明》中庄严承诺，要深化“大家庭精神”，并且明确指出，“这种大家庭精神的基础是为我们的人民争取稳定、安全和繁荣”。

这是APEC发展史上一项带有战略性的成果。如果说APEC成立的头几年是奠基和探路，那么这一最高级别的承诺则指引了APEC前进的方向，赋予它血肉和生命力，第一次适应了“后冷战时期”亚太地区人民对和平、发展、合作和共同繁荣的愿望。

但这一成果是来之不易的，经历了一场相当尖锐的斗争。

显然，美国的战略目标是要实现美国主导的、以经济、民主和安全三要素为支柱的“亚太共同体”。但日本和韩国都有不同程度的保留，印尼等东盟大多数国家强烈反对，中国也不赞成。江泽民主席亲自写信给克林顿总统，指出“亚太共同体”的性质和观念既不反映、也不符合APEC的现实，把它写进《经济展望声明》中是不合适的。

克林顿总统面对现实，知难而退，在最后关头对“共同体”一词做了新解释。他说，这里所说的“共同体”，不同于欧洲式的以法律形式固定下来的以大写C开头的“经济共同体”（ECONOMIC COMMUNITY），而是以共同经济利益为纽带、以小写c开头的一个亚太地区的大家庭似的“共同体”（后来大家索性把这个小写c开头的“COMMUNITY”译成“大家庭”）。各有关方面为了寻求合作，避免对抗，一般都顾全大局，表示赞同或不再反对。这实际上是一次带有历史性的妥协，各方都作了重大让步，体现了与冷战时期截然不同的一种相互关照彼此利益和立场的时代精神，以及平等、和睦的新型国际关系。它不仅对APEC具有重大意义，对冷战后的国际关系也具有深远影响。

2. APEC领导人1994年在茂物《共同决心宣言》中明确承诺，“最迟不晚于2020年完全实现‘贸易和投资自由化’”。同时，考虑到各经济体的不同经济发展水平，决定发达经济体实现这一目标的时间不晚于2010年，发展中经济体不晚于2020年。接着，次年便制定了《大阪行动议程》，各经济体都作了“首次投入”。1996年各经济体都递交了相关的“单边行动计划”。

这一承诺（按两个时间表实现贸易和投资自由化）及随后的行动，对亚太地区的经贸合作和经济发展具有重大意义，对维护和推进开放的多边贸易体制也具有重大影响，为APEC绘制了一幅前进的蓝图。但这也是来之不易的。绘图过程争论也相当激烈。

如美国主张各经济体都按同一时间表实现贸易投资自由化，马来西亚反对有任何时间表，中国主张时间表应是“意向性的”。后来大家按印尼方面的意见接受了两个时间表，给发展中经济体晚10年时间的照顾。这一折衷妥协是实事求是的，但也不能不承认，这是本着“大家庭精神”对发展中成员的某种照顾。

又如，发达经济体以及新加坡和香港等，强调按两个时间表实现贸易投资自由化的“约束性”和“全面性”，日本和部分发展中经济体强调要“在自愿基础上”和允许有必要的“灵活性”。后来《大阪行动议程》在“一般原则”中明确规定，要按时完成贸易投资自由化，并在第一条中标明了“全面性”。但第八条又标明了“灵活性”，表明考虑到APEC经济体之间的不同经济发展水平和每一个经济体的不同情况，在处理由此而引起的问题方面，允许有“灵活性”。这显然是一种不得已的妥协，并未真正解决问题。事实上，会后有关成员都各取所需，作有利于自己的解释。

再如，实现贸易投资自由化，本应遵循“非歧视原则”，但美国强调其国内法，不同意实施这一原则。这实际上是针对中国的，但APEC其他成员都支持中国立场，形成了美国独家坚持的僵局。最后在中国据理力争的情况下达成了协议，在行动议程一般原则的第四条标明“非歧视性”，说APEC经济体在贸易投资自由化和便利化的过程中，将在它们之间“实施或努力实施”非歧视原则。这当然是一个比较有利于中国的妥协，但也照顾了美国的立场，并未真正解决问题。

3. 茂物会议在制定实施贸易投资自由化两个时间表的同时，明确提出“发展合作”（次年日本作东道主期间把它改为“经济技术合作”）。1995年《大阪行动议程》把经济合作单列一大部分，领导人《共同行动宣言》也明确宣布，二者“具有同等重要性”。1996年领导人苏比克会议通过了《加强经济技术合作框架宣言》，并把人力资源开发、稳定安全和高效的金融市场、基础设施、科学技术、环境保护及中小企业确定为经济技术合作的六大优先领域，同时鼓励各成员在自愿基础上为经济技术合作做出贡献。1997年温哥华会议又决定成立了高官会分委会负责执行这个框架宣言，并通过了加拿大关于促进基础设施领域私人投资和合作的框架文件。其间及以后，还根据江泽民主席的倡议，召开了多次APEC高科技工业园网络会议，制定了《走向二十一世纪的APEC科技产业合作议程》，通过了马来西亚提出的《技能开发行动计划》。所有这些，对APEC的健康成长都起了有益的作用。但分歧和争议也不少，主要表现在：经济技术合作和贸易投资自由化是否真正具有"同等重要性"，二者相辅相成，抑或前者服务于后者，仅起"补充作用"。

4．产生了"APEC方式"

西雅图会议声明，要"深化大家庭精神"。然而，什么是"大家庭精神"，西雅图会议没有回答，但APEC从西雅图到大阪的实践做了回答。中国国家主席江泽民观察形势，总结经验，于1996年在苏比克会议上提出以承认多样性、允许灵活性、自主自愿和协商一致为主要内容的"APEC方式"。

发达经济体，特别是美国不大喜欢，一度甚至反对，认为这种方式影响APEC效率。但后来还是接受了——虽然有些勉强。《苏比克宣言》宣布了"APEC方式"的诞生，说"APEC的力量来源于它的多样性以及我们共同对大家庭的展望"；"按照APEC方式深化大家庭精神，对于APEC在本地区和全球发挥积极影响是至关重要的"。1997年APEC领导人《温哥华宣言》进一步指出，"认识到其成员不同的利益与情况，APEC创造了国际经济合作的全新方式。'APEC方式'以一种全面的方式应对本地区的机遇与挑战，使所有成员都能提高自身的能力，全面参与合作，从合作中得到益处"。从这两个宣言关于"APEC方式"的表述不难看出，它对APEC乃至对开展新型国际合作的重要意义。

（三）我国为什么要加入APEC？它对我国有何重要性？

1990年7月，在新加坡举行的APEC第二届部长级会议的《联合声明》欢迎中、台、港三方尽早同时加入APEC。经过反复磋商，1991年10月2日，中国同APEC就中、台、港三方加入问题签署了谅解备忘录，明确我方作为主权国家，台、港作为地区经济分别以“中国台北”和“香港”的名称（香港于1997年7月1日起改为“中国香港”）同时加入APEC。1991年11月12日，第三届部长级会议在汉城举行，我国和中国台北、香港作为APEC新成员首次与会。

APEC对我国的重要性可从四方面看。

第一，从几个简单数字看。APEC人口接近世界人口的一半（25亿左右）；生产总值和贸易额分别为世界总额的55%和46%；我国近80%的对外贸易和93%的外资（1991年）来自这一地区。我国应不失时机地因势利导，借APEC活动在经济上巩固和发展这一局面。

第二，从地缘政治上看。我国东南周边国家几乎都是APEC成员，现在又加上了北部的战略协作伙伴俄罗斯和南边的越南。世界上最发达的美国、一衣带水的日本、以及新兴经济体东盟均是APEC的创始成员。我国可充分利用APEC的活动，政治上为我国进一步搞好睦邻关系以及改善和发展中美、中日关系服务，同时进行必要的斗争，趋利避害。

第三，从经贸合作方面看。APEC贸易和投资自由化进程以及经济技术合作，有利于建立更加开放的贸易和投资环境，既向我国提出了挑战，更向我国提供了机遇，对我国加深和加快改革开放以及经济建设都有好处，有利于我国经济更好更快地同国际经济有条件和有步骤地接轨，既从中受惠，又为寻求本地区的可持续发展和共同繁荣做出必要和可能的贡献。

1999年，我国与APEC其他20个成员的贸易额高达2709亿美元，占我国当年贸易总额的75%。在我国十大贸易伙伴中，除欧盟外其他都是APEC成员，即日本、美国、中国香港、东盟、韩国、中国台北、澳大利亚、俄罗斯和加拿大。在吸引外资方面，1999年，我国新签合同外资金额412亿美元，实际利用404亿美元，其中来自APEC成员的投资分别达309亿美元和312亿美元，分别占全国新签合同外资和实际利用外资金额的75%和77%。

第四，从政治地位上看，我国在APEC是平等的成员，重要的伙伴，处境比在世贸组织更佳。根据“平等伙伴关系”和“协商一致”原则，任何成员如欲推行某一动议，都必须寻求——或者说都少不了我国的合作，都必须考虑体现权利和义务以及利益的平衡。这就给我们提供了广阔的活动天地，在重大问题上，可以发挥我们的优势，或施加我们独特的影响。

正因为对我国的这些重要性，我国政府一直很重视APEC，抱着严肃、认真和积极而又实事求是的态度，不断作出建设性和实质性的投入，为APEC的健康发展出了很大的力，受到普遍的赞扬和好评。同APEC的关系，可以概括为一句话：APEC需要中国，中国也需要APEC。

（四）APEC成立时只有12个成员，现已发展到21个成员，还有8个国家和地区在申请加入。APEC为什么有这么大吸引力，它的生命力何在？当前还存在哪些问题？

APEC之所以发展比较迅速、健康，具有相当大的吸引力和生命力，首先就在于它坚持了官方经济论坛性质和“大家庭精神”。20世纪最后二十多年中，东亚地区的迅猛发展和崛起，靠的并不是经济集团，更不是政治或军事安全集团，靠的是改革开放和合作，以及互通有无，优势互补。APEC存在着巨大的多样性，经济发展水平和发展阶段不同，它要的不是“共同体”之类的集团，而是作为官方经济论坛的“大家庭精神”。只有这种经济论坛和“大家庭精神”，才有可能把APEC的巨大多样性转化为互补性和互需性，才能引导APEC实现平等伙伴关系，区别对待，逐步缩小经济发展水平的差距，寻求“共同繁荣”的战略目标。

另一个重要原因就在于它能坚持按照“APEC方式”深化“大家庭精神”。俗话说，国有国法，家有家规。APEC不是“共同体”性质的，但作为亚太地区的一个“大家庭”，也需要有一种“大家庭精神”。这种“大家庭精神”就是在实践中逐步形成的“APEC方式”。这种独特的合作方式承认多样性，强调自主自愿和协商一致，允许灵活性和渐进性，集体制定奋斗目标，各成员根据自己的实际情况努力达标。它对保证APEC大家庭的和睦与健康发展起着决定性的作用。所谓“家和万事兴”，实践证明，只要坚持按照“APEC方式”深化“大家庭精神”和处理问题，APEC就“兴”，不论是在贸易投资自由化领域还是经济技术合作领域，事情都进展得比较顺利，也比较快。反之，一旦要偏离“APEC方式”，矛盾马上就激化，吵得不可开交，事情就很难办，问题也不好解决。

当然，APEC也存在不少矛盾和问题，有些分歧牵涉到APEC的基本性质、发展方向和各成员的根本利益，以及由此产生的不同考虑和处理方式。从更大的范围看，实际上也牵涉到后冷战时期，应该鼓励和建立什么样的国际经济秩序。如APEC要不要改变它作为官方论坛的性质，超越经济，扩大参与范围，使“大家庭精神”发展成为真正意义上的“共同体”；APEC是继续发挥“引导方向的作用”，还是演变成一个谈判场所；APEC的运作和重大问题的决定，是否要继续坚持“协商一致”的原则，还是搞“21减X”、“灵活的协商一致”、“实质多数”。

APEC今后能否继续保持旺盛的生命力，最终走向何方，主要要看如何处理和解决以上这些为各个成员都十分关切的重大问题。

（五）APEC同工商界的关系如何？请介绍一下我国工商界参与APEC活动的情况。

APEC一直很重视并强调工商界参与的重要性，工商界也一直谋求参与APEC进程，发挥影响。为鼓励工商界参与，1995年11月APEC大阪领导人非正式会议决定将原“太平洋工商论坛（PBF）”（成立于1993年）更名为“APEC工商咨询理事会”（APEC Business Advisory Council，简称ABAC），并成为APEC的常设机构。

其主要任务是就APEC贸易投资自由化和经济技术合作以及创造有利的工商环境提出设想和建议，并向领导人提交咨询报告。至今，ABAC已提交名为《建设区域繁荣》、《ABAC呼吁行动》、《重塑经济增长的信心》和关于全球化问题等多份报告。每个成员委派三名工商界人士参加理事会。我国现在的三名代表是：中国国际信托投资公司总裁秦晓、中国工商银行副行长王丽丽、中益集团总裁张力军。

除ABAC外，APEC成员每年还举办一些工商界参与的活动，如APEC贸易博览会、APEC科技博览会、APEC投资博览会等。自1997年起，每年还召开一两次工商界领导人峰会（CEO SUMMIT）。这一峰会现已成为领导人会议的重要相关活动之一，每次都有来自各成员的数百名乃至上千名工商界人士与会，共同探讨本地区经济上面临的机遇和挑战，并同领导人对话。

中国企业一直积极参与APEC进程。在1998年的第六次APEC领导人非正式会议上，江泽民主席宣布中国将成立“中国APEC企业联席会议”，并宣布出资1000万美元建立“中国APEC科技产业合作基金”。这是中国政府为加强企业对APEC参与而采取的两项具体措施。

我国于1999年初成立了“APEC中国企业联席会议”（ACEA），并开展了不少活动，如与APEC部分成员驻华使馆探讨经贸商机，组团访问拉美国家，举办“APEC 2000论坛”等。据了解，秘鲁、俄罗斯和美国也成立了类似组织。从发展趋势看，今后APEC各经济体有可能成立类似协会。果真如此，势必将有利于加强横向联系，有利于工商界更好更多地参与APEC活动。

我国工商企业界积极参与APEC活动很有意义。从宏观上来说，它有利于推动我国加深和加快改革开放的进程，有利于我国经济更好地与国际经济接轨。当前，特别有利于我国推动“走出去”的战略。具体来说，它有利于我国有关企业在本地区直接了解有关成员的经济政策和投资规模，广交朋友和捕捉商机。

（六）你曾长期担任中国APEC高官，离任后仍一直关心APEC进程，请你谈一谈对今年10月APEC上海会议的展望和期待。

经过1997年爆发的东亚金融危机的洗礼，以及过去三年的总结、反思和调整，APEC成员对今年领导人上海会议普遍寄予较大的希望。“磨刀不误砍柴工”，已经磨了三年的刀，也砍了不少的柴，现在刀更快了——成员之间有了更多的了解，增加了共识，今年又恰逢新世纪的第一年，经济全球化的发展带来了很多不确定因素急需应对，APEC理应有更大的收获，开始有一个新的突破和起点，发展得更快一些，内容更丰实一些。APEC领导人上海会议应该而且也有可能向亚太地区人民交一份比较完满的答卷。

在新世纪的第一年，APEC领导人第九次非正式会议在上海召开，这是APEC的一件大事，也是我国的一件大事。APEC成员对这次会议寄予厚望的本身就是对我国的一种信任和支持。这是客观有利因素。我国今年开始执行第10个五年计划，正在加深加快改革开放，认真准备入世，迫切需要国际、特别是地区的和平、合作与发展，对这次会议自然也寄予厚望，希望作出新的贡献。但APEC现存的问题也不少，有些是带有根本性的，不可能一次性解决，还是要既积极又实事求是，力争抓住机遇，有较大作为和新的突破，可是也要准备务实和诸多问题。

回顾APEC过去12年的历史进程，我个人对上海会议有以下一些期待。

1.要争取初步界定和完善“APEC方式”的内涵，并强调——至少我是这么希望的——“按照APEC方式深化大家庭精神”的现实意义和深远影响。

“大家庭”是美国当时总统克林顿的“宝贝”（BABY），得到包括中国在内的所有APEC成员的赞同——虽然程度不同，甚至还有点勉强；“APEC方式”是江泽民主席在新形势下发展邓小平外交思想的创举，也得到包括美国在内的所有APEC成员的赞同——虽然程度也有所不同，甚至也有点勉强。《苏比克宣言》第一次将二者有机联结起来，提出“要按照APEC方式深化大家庭精神”，这是一致同意的。江主席提出的“APEC方式”的主要内涵，如承认多样性，允许灵活性和渐进性，强调开放性，遵循自主自愿和协商一致的原则，以及集体决定战略目标，各成员根据自己具体情况制定达标计划等，都可见之于APEC历次声明和宣言，都是各成员早已有过的共识。现在要争取的是，进一步磋商和完善，使之有机联结起来，界定清楚，正式写进《上海宣言》，体现一种“上海精神”。

2.要选择一两个可以实现利益平衡或有利益汇合点的大项目。在APEC，一般来说，发达经济体更多关心的是“市场前景”，发展中经济体更多关心的是“发展前景”。这两者并非绝对对立，而是有血肉相连的关系。比如，前者要求后者尽快全面开放服务业，后者也并非全然不愿，实是“非不为也，是不能也”。如在电子商务问题上情况就是这样。现在一些发达经济体主动提出要帮助发展中经济体“加强能力建设”，其中就蕴涵着双方的利益汇合点，我国作为东道主，正好接过来建议落实，如建立APEC金融培训中心和旅游服务与发展培训中心等。

3.从APEC的实际需要和发展连续性考虑，需要在贸易投资自由化和开放的多边贸易体制上增加推动力度。因此，上海会议很可能——也应该建议要求各成员强化单边行动计划，分别按两个不同的时间表，适当加快达标速度，同时推动WTO尽快开始新一轮谈判，并为此做出积极贡献。

4.经济技术合作领域也需要推动“首次投入”（DOWN PAYMENT）。

为了推动贸易投资自由化，1995年大阪会议在制定行动议程的同时，曾要求各成员提交“首次投入”，效果很好。次年马尼拉会议前，我国高官曾提出，在制定《经济技术合作框架宣言》的同时，要求各成员也在来年提交经济技术合作方面的“首次投入”。东道主菲律宾认为是“好主意”，并表示将以东道主名义写信呼吁各成员同意。很多发展中成员都表示赞同，有的发达成员也愿意，但由于少数几个发达成员强烈反对，菲律宾迫于压力而打消原意，我们也只好暂时放弃，等待新的机会。

然而这一思想（建议）的合理性和积极意义并未随之泯灭。人们不理解，为什么在贸易投资自由化领域可以做的在经济技术合作领域却不行？不都是在自愿基础上量力而行的事吗？

现在已事隔多年，经过金融危机的冲击和反思，APEC发达成员和发展中成员在这个问题上的认识虽难完全趋同，但利益的汇合点还是增加了。亡羊补牢，未为晚也。我觉得似乎可以重新提出这一问题探讨。现在一些发达成员急于推动电子商务，打开亚太市场，发展中成员也极愿提高在这方面的能力，加快发展。如果它们能在这方面提出“首次投入”，帮助建立APEC电子商务培训中心，既有利于它们的市场前景，也符合发展中成员的愿望和需求，两全其美，何乐而不为。

APEC需要中国，中国也需要APEC。时代对和平、合作和发展的呼唤衬托着上海会议。我本人热切期盼APEC“上海精神”的诞生。希望在APEC未来的合作与发展中，少看到一点霸气——没有更好，多看到一点“APEC方式”和“大家庭精神”。果真如此，那将是APEC的福音，也是新世纪的福音。

我作为在APEC工作过将近六年的中国高官，让我在中国的首都北京预祝APEC健康成长，一路平安吧！

八、“APEC方式”的诞生及其深远影响

（一）APEC的实践表明需要“APEC方式”

1996年在菲律宾苏比克召开的APEC领导人非正式会议的主旨是要进一步深化“大家庭精神”，同时制定“马尼拉行动纲领”。关于要深化“大家庭精神”，1993年在西雅图会议上领导人作了承诺，然而当时来不及界定什么是“大家庭精神”。但从西雅图到大阪的实践和经验做了回答。

APEC从一开始就是一个官方论坛，不是一个具有约束力的集团或谈判场所，但也不是一个空谈俱乐部，它有建立在共识基础上的宗旨、运作原则和具体行动。

1993年，当美国作为东道主在西雅图举行第一次领导人非正式会议时，曾希图把APEC搞成一个“在美国主导下”的“共同体”（Community），由于大多数成员的反对而未果。这是APEC第一次在重大问题上发生分歧。本着相互尊重、协商一致和寻求合作的精神，后来取得了一致意见。《西雅图宣言》在重申APEC作为一个论坛的同时，承诺要“深化大家庭精神”。但到底什么是“大家庭精神”，当时并未探讨，当然也不明确。

1994年茂物会议在规划贸易投资自由化方面，一开始就出现要不要时间表，搞一个还是两个时间表的争议。这是APEC第二次在重大问题上发生分歧。也是经过多次磋商，最后大家进一步确认了APEC存在多样性，发展水平不一样，发达成员将为发展中成员经济的进一步增长提供机会，提出了完成贸易投资自由化的两个不同的时间表。

1995年大阪会议的任务，是要根据《茂物宣言》以及两个时间表的精神制定行动议程。从2月福冈第一次高官会开始，一系列矛盾就暴露出来，并一直争论到大阪领导人非正式会议。这些矛盾的实质是，有些发达成员为了得到他们在乌拉圭回合中没有得到或不能得到的东西，企图偏离APEC方向。他们片面强调两个时间表的约束性，而忽视了自主自愿性；片面强调推行贸易投资自由化的全面性，而忽视了由于多样性所需要的灵活性。

经过反复磋商与协调，最终达成一致。《大阪行动议程》在强调实现贸易投资自由化需要“全面性”的同时，肯定了由于发展水平不同而应有一定的“灵活性”。《大阪宣言》明确宣布，领导人已共同选择了“在自愿基础上”经过协调的自由化的“独特方式”，而且指出了应该遵循的一些基本原则，如相互尊重与平等，互利互助，建设性和诚实的伙伴关系，协调一致等。

这里所说的“独特方式”，实际上就是“APEC方式”的雏形。

（二）“APEC方式”的提出

回顾西雅图会议以来发生的一系列矛盾和斗争，我们在第一线的工作人员深感需要就什么是“大家庭精神”取得共识，需要总结经验，以免APEC在前进过程中走偏了方向。我作为中国APEC高官，同外交部国际司同志多次进行探讨，并认真听取了专家们的意见，提出了关于“APEC方式”的初步主张和建议，并很快得到外交部领导的批准。

江泽民主席后来把这一主张和建议上升到战略高度，并亲自做东道主拉莫斯总统的工作。江主席几次写信给拉莫斯，说通过几年的实践，APEC已找到了一条符合亚太特色的独有的方式，这就是“APEC方式”。这种方式是互尊互利，在自主、自愿基础上的协商一致，既承认多样性，允许一定的灵活性，也适当地进行协调，开展一些集体的活动。这一方式的基本内容已被各成员普遍接受。我认为，如果把这些内容以适当的形式加以确认、阐述和丰富，对于APEC今后的发展将具有积极的意义。

江主席还在信中强调，APEC不同于其他的区域性经济合作组织。它采取的是一种灵活和循序渐进的方式。由集体制定目标，各成员根据自身情况为达到共同目标各自做出努力。这种方式产生于APEC的实践，反映了亚太地区多样性的现实，具有强大的生命力。

（三）力争写进《苏比克宣言》

在5月的第二次高官会议上，我们在中菲双边磋商中提出了“APEC方式”。菲方高官会主席马卡拉纳斯副部长反映很好，认为这是一个很有意义的重要建议，将是中国方面对苏比克会议的一大贡献。他愿意为“APEC方式”而主动去做各方的工作。

可是三个月后他的态度就变了，说一些发达成员不赞成，美国“强烈反对”，不好办。尽管我们做了大量的说理工作，《苏比克宣言》草案仍只字不提“APEC方式”。还剩下一天领导人就要开会了。怎么办？国际司一些同志议论说，江主席几次亲自写信给拉莫斯总统建议“APEC方式”，如果领导人宣言中毫无反映，我们怎么对得起江主席？怎么交账？我们一年的心血难道就这样白费了？

于是，我们不得不使出最后一招。我紧急约见马卡拉纳斯副部长，强烈要求宣言一定要反映“APEC方式”，说江泽民主席几次给你们总统写信谈“APEC方式”，可你们的宣言草案始终毫无反映，我们不能理解。如果因为美国反对就不写进去，那么现在的草案中也有一些美国的建议，我们顾全大局，勉强同意了。如果我们也反对，你们还能通过《苏比克宣言》吗？

听到这里，马卡拉纳斯开始有点紧张，问我有何具体建议，我立即拿出事先准备好的案文：TO DEEPEN THE SPIRIT OF THE COMMUITY IN THE SPIRIT OF “APEC APPROACH”（以“APEC方式”的精神深化大家庭精神）。

马卡拉纳斯阅后表示，他当天晚上10时将见拉莫斯总统以最后敲定宣言草案，他将争取把“APEC方式”写进宣言草案。我说只“争取”不行，还是请他设法写进去，以免发生大家都不愉快的事。

第二天一早，我们便看到了新修改的草案。关于“APEC方式”终于写进去了，只是把我们案文中的“IN THE SPIRIT OF”（以……精神）改为“IN ACCORDANCE WITH”（按照……）。他们是从英文技术上考虑，我们的案文一句话中紧挨着出现两个“SPIRIT”，不好听（中文两个“精神”在一句话中也不好听），索性改成“IN ACCORDANCE WITH”，即“按照APEC方式深化大家庭精神”，结果比我们的案文更好。我们乐开了，心想“撒手锏”有时候还真顶用。

（四）“APEC方式”的诞生及其深远影响

1996年12月25日，APEC领导人在《苏比克宣言》中庄严宣布，“APEC的力量来源于它的多样性以及我们共同对大家庭的展望”；“按照APEC方式深化大家庭精神，对于APEC在本地区和全球发挥积极影响是至关重要的”。这是APEC领导人对APEC多年来实践经验的重要共识和总结，它向全世界宣告“APEC方式”诞生了，它从战略高度为APEC的发展指明了方向。

在通过这个宣言之前，江泽民主席在会上着重指出，APEC成立以来，在实践中积累了一些经验，初步形成独具特色的合作方式，也就是人们所说的“APEC方式”。这种合作方式的特点是：承认多样性，强调灵活性、渐进性和开放性；遵循相互尊重、平等互利、协商一致，自主自愿的原则；单边行动与集体行动相结合。在集体制定的共同目标的指导下，APEC成员根据各自的不同情况，作出自己的努力。这些原则和做法，照顾了合作伙伴不同的经济发展水平和承受能力，使他们不同的权益和要求得到较好的平衡。”江主席还强调，实践表明，“APEC方式”是一种“行之有效的合作方式”。

江主席的讲话高度概括了“APEC方式”的内涵，对苏比克宣言和“APEC方式”的诞生做出了重大贡献，受到与会人士的热烈欢迎和赞扬。参加会议的一些高级官员说，他们从心底里赞成江主席的讲话，“APEC方式”实际上是“大家庭”的灵魂和“最佳方式”，它赋予APEC以“强大的生命力”。

为什么人们如此重视“APEC方式”？原因也很简单，就是因为他适应了APEC存在巨大多样性的实际，兼容、照顾和代表了发展中成员和发达成员的不同利益，反映了建立平等伙伴关系的要求。它体现了求同存异、优势互补、共同发展的原则，以磋商代替谈判，以承诺代替协定，避免了由于集体谈判方式容易引起的利益冲突以及对一国经济和社会稳定的负面影响。它是一种独具特色的合作方式，符合冷战后世界人民追求和平、团结和发展的愿望。"APEC方式"的诞生对建立公平合理的新型国际经济体制显然也将发挥有益的作用，有着极其深远的战略意义。

（五）国际经济合作的全新方式

1997年，我国在APEC的重要目标之一，是进一步推进"APEC方式"，使之逐步完善。为此，一定要努力争取温哥华会议主要文件有所反映，至少要重申《苏比克宣言》的表述："按照APEC方式深化大家庭精神。"

但东道主加拿大并不以为然。加拿大方面5日起草散发的APEC领导人《苏比克宣言》指示待办事项一览中，引文涵盖了所有重大问题，唯独没有要以"APEC方式"深化大家庭精神这一重要指示的内容。我们阅后深感失望。在双边磋商中，我明确表示不满，据理力争。后来加方在修改的一览表中勉强放了进去，但部长联合声明和领导人宣言草案中仍只字不提。我国外交部国际司王小龙处长，不顾疲劳，甚至带病同加方负责主要文件起草的APEC处处长詹姆斯，两三天内连续进行了五六次磋商。王小龙处长先后提出了几个有关"APEC方式"表述的案文，詹姆斯处长均表示不行。主要借口是，过去的文件已经说过了，何必重复。王处长指出，如果这样，那么现在宣言草案中很多重申性质的段落都得去掉。詹姆斯自觉理亏，同意在部长联合声明中重申《苏比克宣言》关于"APEC方式"的表述，即要"按照'APEC方式'深化大家庭精神"。但他仍不同意写进领导人宣言。王小龙处长与之充分说理，最后一次磋商一直进行到凌晨三点。詹姆斯终于被说服了。两人都如释重负。詹姆斯说，这是他最辛苦的一次磋商，收获也最大。他非常钦佩中国外交官的执著精神和入情入理的态度。从他后来起草的案文看，他真是领会了

“APEC方式”的重要意义。

《温哥华领导人宣言》明确指出，“认识到其成员不同的利益与情况，APEC创造了国际经济合作的全新方式。‘APEC方式’以一种全面的方式应对本地区的机遇与挑战，使所有成员都能提高自身的能力，全面参与合作，从合作中得到益处。”这就再次确认了“APEC方式”对开展新型国际合作的重要意义。

（六）江泽民主席系统阐述“APEC方式”的重要意义和特点

这一方式实际上是从APEC自身的实践中发展、总结、概括而成的。江泽民主席1996年在苏比克会议上首先提出了这一概念。这次又在温哥华会议上讲话中进一步系统地阐述了它的主要特点：

（1）充分尊重各成员的多样性，承认成员之间发展水平和发展阶段上的差异及其带来的不同利益与要求；

（2）强调灵活性、渐进性和开放性；

（3）遵循平等互利、协商一致、求同存异、自主自愿的原则；

（4）实行单边行动与集体行动相结合。

江主席还强调指出，“坚持这种方式，是APEC成员加强合作的重要保证”。

（七）家和万事兴

APEC今天之所以能够生机勃勃，很大程度上就是由于坚持了“APEC方式”。亚太经济合作的未来发展，也离不开“APEC方式”。俗话说，国有国法，家有家规。APEC不是“共同体”性质的，但作为亚太地区的一个“大家庭”，也需要有一种“大家庭精神”。这种“大家庭精神”就是在实践中逐步形成的“APEC方式”。它对保证APEC大家庭的和睦与健康发展起着决定性的作用。所谓“家和万事兴”，实践证明，只要坚持按照“APEC方式”深化“大家庭精神”和处理问题，APEC就“兴”，不论是在贸易投资自由化领域还是经济技术合作领域，事情都进展得比较顺利，也比较快。反之，一旦要偏离“APEC方式”，矛盾马上就激化，事情就很难办，问题也不好解决。

APEC领导人第九次非正式会议今年十月将在中国上海召开，人们热切期待“APEC大家庭精神”将按照“APEC方式”进一步升华，体现新世纪对和平与发展的时代呼唤。

九、APEC涉台问题和“西雅图模式”

（一）“外交才子”的哀鸣

1992年11月的一天，我在翻阅报纸时，偶然看到一则有趣的新闻。那是台湾当局的《中央日报》记者卢介华先生对他们的“外交部长”钱复的一篇报道。不妨节录几段如下。

记者问：“你就任‘部长’以来‘外交’上有得有失，不知道你给自己的评分如何？”

钱复答：“不及格！这个职务不是人干的。说穿了，就是中共的破坏，没有一个地方中共不在‘围堵封杀’。我这个人就是毫无偏见的，只要有一条路可以走，都可以。但是中共没有一条路给我走。”

记者接着又问钱复，是否可以寻求美国的支持，来解决加入国际组织的问题。

钱复说，人们常用四个字，叫做“心想事成”，可世界上哪有什么“心想事成”的好事？以台湾今天的处境来说，想加入任何一个国际组织，都不容易。你们不妨睁大眼睛看看关贸总协定的例子，“中共所持的那种态度”，在台湾方面看来就是“霸权”。

钱复先生还矢口否认台湾当局搞“金钱外交”和“凯子外交”。他说“凯子”是一个“最令人看不起的男人”，不能用这种刻薄的语言来形容我们的“外交”，把什么难听的话都骂绝。但钱复先生好像还看到了“一线曙光”。他对记者说，“根据美国和日本方面的思考，在现有的国际组织中，对台湾当局来说，可以用的大概就是APEC（亚太经合组织）了。”

看了这篇专访报道，我不禁失笑。钱复先生的话多少带有一点歇斯底里而又无可奈何的意味。这位素有“外交才子”之称的先生难道不明白，识时务者为俊杰。他的“外交”之所以不及格，并不是因为我们不给路走，到处“围堵封杀”，更不是因为我们搞“霸权”；而是因为他们不识时务，偏走邪路，逆潮流而动，背离包括台湾同胞在内的全中国人民的意愿，妄图分裂祖国，理所当然地要遭到反对，其结果一定是到处碰壁。但从这篇报道中，我也感到，台湾当局是要利用APEC拓展其“外交活动空间”，并把此作为它的重要战略目标，在APEC中今后“拓展”与“反拓展”的矛盾和斗争恐怕是难以避免的。当时我正在哥伦比亚当大使，虽有所感，但并不太在意。事有凑巧，大概三个月后，我就离开了哥伦比亚，回国接任中国APEC高级官员。这时我不禁又想起了这篇报道。我倒要看看，台湾当局在APEC中到底是什么定位，它将如何拓展其“外交活动空间”。

（二）台湾在APEC中的定位

1991年，我国以及中国台北和香港，根据一项协议（谅解备忘录，简称MOU），同时加入亚太经合组织（APEC）。这个“谅解备忘录”是由我国外交部当时的国际司司长秦华孙同当年APEC高官会主席、韩国的高官李时荣于10月2日签署的，其主要内容是，注意到我国关于世界上只有一个中国以及区分主权国家和地区经济的立场，在此前提下达成如下协议（主要内容）：

台湾方面的称谓只能是“中国台北”；它只能派出与APEC有关的负责经济事务的部长出席部长会议，它的所谓“外长”或“副外长”不得参加APEC会议。香港在回归后其称谓将改为“中国香港”（HONGKONG，CHINA）。

此后双方还有个换文，秦司长明确提出要求，为了APEC工作的顺利进行以及各成员的方便，将不在台湾举行APEC会议。李时荣复信声称，已注意到我方立场，保证一定将我方信件周知APEC成员。

从以上文件不难看出：1．台湾和香港从法律上在APEC都被定位在“地区经济”上，APEC只承认一个中国，即中华人民共和国。2．台湾当局出席APEC会议人员的级别和性质以及在台湾地区开会都受到严格限制。这个“谅解备忘录”的签订为我方在APEC反对台湾当局拓展其所谓“外交活动空间”、制造“两个中国”或“一中一台”提供了有力的法律依据。

（三）围绕称谓和专业会议问题的斗争

这是第一回合的较量。

我们曾有选择地同意中国台北同菲律宾于1993年2月共同举办贸易促进工作组下的一次培训班活动，并要求台湾方面必须严格遵守MOU和保证给我方人员出入境以及与会的方便。台湾方面接受了我们的条件。我外经贸部李恩恒处长等同志赴台参加了这一活动。从现场观察，台湾方面在称谓问题上还比较守规矩，但也有一些小动作和所谓的“疏忽”。在一次放映专业介绍的电影时出现了所谓台湾“国号”。尽管我方人员事前交涉过，要求他们删节或取消放映，但他们最后还是放映了。与此同时，在不少工作组的活动和有关文件中，也出现了一些违反MOU关于台湾称谓和座次的规定。因此，在出席3月威廉斯堡高官会期间，我在会见东道主美国高官桑德拉·克里斯托弗女士时，举例说明台湾方面违反MOU的行为，并强调指出，中国台北在举办第一次专业性活动时即企图制造“两个中国”的印象，这正证明我方当初不同意在台湾开会是有正当理由的，也使我方今后很难考虑在这方面的“灵活性”（指同意某些专业和技术性会议可在台湾召开）。

在这个问题上，应该说美国的态度还比较好。当天桑德拉就在高官会团长会议上说，最近发生了一些不符合MOU的事，这不利于APEC工作的顺利进行，希望大家严格遵守有关规定。但美方在双边会见中强调，根据MOU，台湾方面有“平等参与权”，我方没有理由不同意在台湾开会。

在同年6月西雅图高官会期间，台湾方面极力寻求突破只能举办个别培训和考察之类的活动，在原先我方已同意的台湾方面同泰国联合举办的渔业培训和考察项目中，加了一个要在台北举行“圆桌会议”的项目。

美国作为东道主，在双边会见中首先替台湾方面说话。当时美国的高官唐穆生拿出了三条“理由”：中国台北按规定有平等参与APEC一切活动的权利；关于放映的电影中出现所谓台湾“国号”之事，台方已向美方解释，说那是“失误”，并非有意为之，而且已表示了“道歉”；台湾方面已保证以后不会再发生这类事件。

我们事先对可能出现的上述问题及其“理论”上的依据作了认真的研究，认为当时斗争和说理的关键，一是驳斥所谓“平等参与权”，二是对1991年换文的法律和实际地位的看法。我们提出，秦华孙司长同李时荣的换文虽未构成协定（AGREEMENT），但那是我方原则立场的表述，实际上也是我方之所以能同意中国台北与我方同时加入APEC的“前提”。我们认为，为了APEC工作的顺利进行，我们的这一基本立场应该受到尊重，否则其后果是不言自明的。

我们据此准备了一个书面发言，并同美方进行交涉。在这一过程中，我们在强调原则上不同意在台湾开会的同时，还表示我方并非没有“灵活性”，尽管台湾方面已多次违反MOU规定，我方仍同意台湾方面与泰国联合举办渔业培训和考察活动。但台湾方面既不守规矩，又得寸进尺，这是我方绝对不能接受的。我方只能同意台湾方面举办这类活动，不能再开绿灯让它举办“圆桌会议”。

经过几天紧张而又激烈的磋商，美国和泰国高官在商我方同意后提出了一个方案，即“圆桌会议”不单独立项，在行文中把它放在考察活动中的一项内容之下，实际上把它变成了一次考察之后的“座谈会”。台湾方面虽很不满意，但最后还是被迫同意了。

在此情况下，我方参加渔业培训和考察工作的同志，多少有点顾虑，担心处理不好。但他们都有一个共识，认为涉台问题，事关国家主权，必须十分重视，绝对不能掉以轻心。在实践中一定要把台湾定位在地区经济上。如果台湾方面“犯规”，一定要提醒他们纠正，否则要由台湾方面承担由此引起的后果。

实践证明，我们的做法是对的。我农业部同志参加在台湾的渔业考察活动后回来报告说，在活动场所，台湾当局将所谓“国旗”严密地遮盖起来，到有所谓“国号”标志的展览馆去参观时，主办单位工作人员特意带着与会人士绕道从侧门进入。在参观某大学时，远处看到台湾的所谓“国旗”挂在那里，台湾方面人员忙解释说，这不是有意的，希望我方人员回去后不要报告。

（四）岂能容它玩弄"挂钩"伎俩

经此一役，台湾方面有所收敛。涉台问题平静了一段时间，但不久风波又起。

1994年4月，在海洋资源保护（MRC）第六次工作组会议上，我方提出承办第七次工作组会议，台湾方面也提出了同样的要求，并以退为进，表示可以同意我方先承办第七次工作组会议，但条件是我方同意它承办第八次会议。我强调应先决定由我方举办第七次会议，按惯例，第八次会议只能在第七次会议上讨论决定。台湾方面不同意。最后工作组只好将这一问题提交高官会决定。这样就造成了台湾方面企图把它举办会议与我方举办会议"挂钩"的局面。

从微观上看，台湾方面"挂钩"的目的，是以可能否定我方的办会权为要挟，迫使我方同意它举办工作组会议，以便在开会问题上来个新的突破和升级。从宏观上看，如我方不同意它举办，就可能形成台湾方面与我方双方相互否决，客观上造成台湾方面与我方"平起平坐"的局面，达到它们在APEC内搞中国有"两个对等政治实体"的目的。这是我们绝不能接受的。

在巴厘岛高官会期间，我代表团据理开展了广泛的会下工作。MRC工作组牵头人加拿大高官巴洛克大使为了打破僵局，主动出面与台湾方面协商，并同我一起提出了有关具体案文，写明：高官会"同意"第七次MRC工作组会议在中国举行；"注意到"中国台北希望举办第八次会议，此事将在第七次会议上决定。同时有一个不成文的"谅解"，即：如从现在起台湾方面能证明它没有任何违反MOU的事，在第七次MRC工作组会议讨论台湾方面的要求时，我方将不持异议。台湾方面原已同意上述案文，但最后讨论高官会文件草案时，突然翻案；在个别成员的支持下，要求把原来案文高官会“同意”和“注意到”的区别对待的不同措辞，改为同样措辞，即都使用“同意”或都使用“注意到”，并压我方作出让步。对此，我与会成员予以坚决回击，坚持原措辞不得改动。磋商一直进行到凌晨3点，结果双方不同措辞的案文都暂时放在方括号内，留待次日最后一次高官会全体会议讨论决定。

为可能发生的公开辩论做好充分准备，我方代表团连夜起草一份声明，着重阐明我方不同意在台湾举办会议的基本立场和依据，特别指出，台湾方面在APEC中的所谓“平等参与”权，是严格限定在MOU框架之内的，因而只能是有条件的“平等参与”。关于MRC工作组会议问题，如有关方面不能采取现实的态度，推翻原已达成的协议，一意孤行，我方只能宣布收回我方原已同意在台湾举办赤潮专家会议的承诺，不同意在台湾召开MRC第八次会议，并在今后类似的问题上采取同样的立场（即不同意在台湾举办任何APEC会议）。

次日早晨，我便通知会议主席和加拿大高官，我准备在会上发表声明以及声明的主要内容，并表示，如台湾方面否决我方开会权，这将是十分无理和荒谬的，台湾方面将不得不承担由此而产生的严重后果，失去今后举办任何会议的机会。这实际上是向台湾方面晓以利害，使它知难而退。

在我方据理力争和各方压力之下，台湾方面不得不在全体会议召开的前几分钟作出妥协。加拿大高官主动找我表示，愿用原来的案文，希望我不要在会上发表声明。我说，我们本来就不想发表这项声明，是“被逼”的，现在既然有关方面已经回到原来的立场，我们的声明可以不发表，但台湾方面必须守信用，不再无理取闹。后来会议主席宣布用原来的案文。第二个回合的较量就这样结束了。

（五）“行政院”问题的风波

1991年加入APEC后，在各级与会代表的职称上，台湾方面一开始就不断搞小动作，在其代表具体身份的前面加上“行政院”某部或某委的头衔。在起始阶段，我们只一般地提醒对方，希望他们不要做违反MOU的事，要求更正，但台湾方面置若罔闻。

1994年茂物领导人非正式会议后，台湾方面委任“行政院副院长”徐立德兼任“经建委主任”。其目的很显然，就是要使徐立德能出席大阪会议，使其出席会议的代表升级，从而突破西雅图和茂物模式。

台湾方面为了配合这一企图，自1994年年底起，它的各级与会人员更加频繁地使用“行政院”这一头衔。考虑到整个斗争形式，特别是为了挫败具有“行政院副院长”头衔的徐立德出席大阪会议的图谋，我们从1994年12月起连续多次以书面形式通知台湾方面高级官员沈国雄，指出他们使用“行政院”头衔违反了MOU，要求更正，并且把信件抄给APEC执行秘书处以及印尼和日本（1994和1995年APEC的东道主）。但台湾方面不仅不理睬，而且用的次数更加频繁。1994年上半年，在中国召开的几次工作组会议上，我们把台湾方面代表头衔中凡是冠有“行政院”称谓的，把“行政院”三个字一律删掉。台湾方面与会的“外交部”人员同我方吵吵嚷嚷，甚至向我们提出“抗议”，我方未予理睬。但在其他国家召开的会议上，尽管我方代表要求删去“行政院”的称谓，有时并不见效。在1995年2月福冈高官会上，我方向东道主日本方面交涉此事，也无结果。

1995年6月李登辉访美后，围绕“行政院”这一问题的斗争更加突出和尖锐。我们下决心要在7月札幌的高官会上进行一番较量，要力争把“行政院”打掉。

我们首先做东道主日本的工作。在同日方会议主席濑木大使会谈时，我们严肃指出，台湾方面使用“行政院”头衔违反MOU的事实，要求日本作为东道主维护MOU精神，把台湾方面出席会议代表的“行政院”头衔删去。但濑木一再表示，希望我们“高抬贵手”，以免日本作为东道主为难，并提出了两个解决方案，一是在各代表团提出的名单下加注解，说明名单中的头衔无政治含义。二是台湾方面将“行政院”删去，我方同时写信表示今后将不反对在台湾召开APEC会议。濑木还解释说，MOU并没有规定台方不能使用“行政院”头衔，而且“行政院”的政治含义也值得商榷。对此，我当即据理指出，“行政院”的性质是众所周知的，台湾当局使用这一头衔不符合MOU规定，要求日方重新考虑它的立场。同时表示，如问题得不到解决，我方将在全体会上发表声明。如台湾方面坚持己见，我方将不得不改变态度，不再同意在台召开能源工作组等三个专业会议，而且今后将不会同意在台湾召开任何APEC会议。

当天中午，某个有影响国家的高官主动来找我，说如我采取上述立场，台湾方面也可能会“以牙还牙”，采取对等立场，会上有些成员可能也会发表并不有利于中国的言论。

这些话虽然是在餐桌上以轻松的口吻说出来的，但显然带有威胁性。于是我也就不客气地说，我们早有思想准备，可能有个别成员要站出来为台湾说话，我们的上述立场是有充分理由和根据的，台湾方面作何反应，我们也作了充分估计。我们早在巴厘岛高官会议期间就把我方的态度和有关考虑告诉过你们，台湾方面也完全明白其中的含义以及可能造成的严重后果。

至此，公开摊牌已不可避免。我们认真准备了一个声明稿，其中心意思是，台湾当局必须面对它是个“地区经济”的现实，它的一切行为必须严格遵守MOU。考虑到台方不断犯规的事实，我不得不宣布，今后将不同意在台湾召开任何APEC会议，原已同意在台湾召开的一些会议，现在也宣布取消，要求有关工作组重新考虑会议地点。

在高官会最后一天会议上，我以中国代表团名义发表了上述声明，并要求记录在案和周知有关工作组。台湾方面高官沈国雄接着发表了长篇讲话，对MOU断章取义，歪曲事实。宣传中国台北也是个“国家”，强调它有“平等权利”，指责我“阻挠”在台开会，“以大欺小”。还说，台湾方面也要考虑对我方采取“反措施”。

鉴于沈国雄的发言已大大离谱，公然宣传“两个中国”，我再次发言，指出：沈国雄的讲话本身就是违反MOU的最佳明证，也正好说明中国台北使用“行政院”的政治目的。台湾方面所谓“平等权利”是相对的，是严格受MOU有关规定制约的。否则，怎么理解台湾方面的所谓“外交部副部长”、“外交部长”不得参加APEC会议，这就是“主权国家”和“地区经济”的区别所在。

沈国雄未再吭声。我们要求把双方声明记录在案。

能源工作组会议原定10月上旬在台北举行。按APEC“协商一致”原则，因为我方不同意，会议就不能在台湾召开。临时要改变地点，时间很紧迫。为了确保“协商一致”原则得到遵守，不让台湾当局钻空子，也为了尽量不给其他成员造成不便，我们迅即采取了两项措施：

1. 我国国家计委外事司（能源工作组国内牵头单位）写信给澳大利亚能源工作组牵头人，要求根据札幌高官会情况重新讨论会议地点，同时把此信和我方的声明全文抄送给各成员的联络人，说明我方改变态度不同意在台湾举行这次会议的原因。

2. 召见澳大利亚驻华公使郭森若先生，重申我方立场，强调希望澳方作为牵头人要严格遵守MOU和“协商一致”原则。同时表示，如台湾方面保证这次会议不出现“行政院”问题，严格遵守MOU，我方可考虑对这次会开绿灯，给了澳方一定的灵活余地。郭听后马上说，他正想同我谈这一问题，澳方很重视中国态度，理解我方立场，同时感谢我上述表示，他将尽快报告国内去做台湾方面的工作；相信可能取得令我方满意的解决。

在9月香港特高官会期间，澳大利亚外交和贸易部秘书长科斯特洛，在双边磋商时，向我方转交了一封澳方牵头人给我的信。信中向我说明，他已从台湾方面得到两点保证：台湾方面将“一如既往”遵守MOU；台湾方面将不会派有“行政院”头衔的人员与会。因此希望我方能同意仍如期在台湾开会。

我们一向通情达理，既然台湾方面已作出保证，我当即表示可以。科斯特洛十分高兴。如释重负。

然而，问题并未根本解决。1996年还有两个工作组会议要在台湾举行。于是，我抓住时机，争取这一问题有个总体解决。我们通过韩国高官潘基文和香港高官苗学礼非正式传话说，这次台方作了保证，我们开了绿灯，但这不等于对下两个会我们也一定会开绿灯。台湾方面必须面对现实，从根本上保证，才有出路。

不久，韩国高官潘基文大使就找我说，台湾方面希望能给它“留个面子”，它不能给外界一个印像，屈服于我方压力。我说，那好办，可以给面子。现在台湾方面发给我方国家科委出席北京APEC科技部长会议名单中有五人带有“行政院”头衔。台湾方面不要等我方写信要它改，那样就被动了。台湾方面最好现在就悄悄地给我方有关部门重新发送一个无“行政院”头衔的新名单，无须说明原因，我方也不会声张。我方有关部门在得到新名单后当然就会发出邀请信。这样，它不就有“面子”了吗！不过，我强调，仅仅这样还不够，台湾方面应从此不再使用“行政院”头衔才行。

台湾方面高官沈国雄很快同意了，但通过潘基文问我，如台湾方面这样做了，中国有关方面是否可很快向台湾方面人员发出邀请，今后我方是否不会再反对在台湾召开工作组会议。

对第一个问题，我们给予肯定答复；对第二个问题，我们强调，我们可对已同意的两个会开绿灯，至于其他工作组会议，要视情况而定，我们将有选择地同意。台方必须明确，在台召开工作组以上的任何会议是不可能的。对此，台方未再表异议。

第二天，高官会闭会后，潘基文又匆忙来找我，说台湾方面不想给我们发送新名单，因为要抄送执行秘书处和东道国，仍有个“失面子”问题。说我们可把台湾方面现有名单中“行政院”头衔删去，台湾方面将不提“抗议”，就当没那回事，以后也不会再用“行政院”了。请我们不要坚持要新名单，并尽快向台湾方面发邀请。

整个事情的发展和解决大体如我们所料，我们本来也未打算要新名单，删去“行政院”就可以了。在技术性问题上，没有必要强人所难。既然台方死要面子，又变了方式，就再照顾他们一下。于是，我表示可以考虑照顾，我们将尽快向国内报告，“建议”不坚持要台湾方面重发名单。

不到两小时，在东道主香港高官苗学礼举行的盛大海鲜聚餐晚会上，韩国和日本高官又先后来找我，说沈国雄很不放心，希望我给予肯定答复。他们还解释说，台方上述态度的变化是由于接到台北最新电报指示，他们都亲眼看到了这个电报，可以作见证人，今后不会再变了。

在此情况下，我说：“好，现在有了见证人，那就请你们两位见证人告诉沈先生，他可以放心地回去。不过请他们注意，今后不要再搞小动作，还是面对现实为好。”

后来，在大家品尝香港主人丰盛的海鲜时，我们注意到沈国雄双手握着韩国和日本高官的手，作“感谢不尽”之态，脸上也开始有了一点笑容。我们代表团的同志开心地说，沈先生今晚的脸色是阴转晴，大概可以睡个好觉了。

（六）“西雅图模式”

1993年6月，美国建议召开APEC领导人非正式会议后，很快就面临一个如何解决台湾与会的问题。

我们的方案很清楚，一定要如实地把台湾当局定位在“地区经济”上，决不允许突破MOU；在礼宾等安排方面，也要体现主权国家和地区经济的区别。

美国方面也明白妥善解决这个问题的重要性。美国高官桑德拉女士在6月西雅图高官会期间就非正式地向我表示，美方会努力解决好台湾与会问题；台湾与会者只能是与经济有关的人员。9月中旬又派助理国务卿帮办唐穆生专程来北京磋商。

9月18日晚，刘华秋副部长在宴请唐穆生和芮效俭（美驻华大使）时，向他们强调，为了西雅图领导人非正式会议的顺利召开，便利江主席出席会议，台方只能以“地区经济”身份参加，按照MOU，只能派与经济有关的部长与会，有关礼仪安排也要有相应的体现，要求美方书面承诺。唐穆生表示，美方一定按MOU办事，将只邀请台方与经济有关的部长级人士与会，一切安排会使我满意，江主席将会受到热烈的欢迎和接待。但说，书面承诺并无必要。芮效俭还用中文插话说：“你们要相信我们嘛！”刘副部长委婉地指出，美国已有不少说话不算数的记录，还是有个书面的东西好。芮效俭表示，他们要请示国内，预计要等到次日上午10时才能给我方答复。

19日上午，一直拖到11点芮效俭才来见刘华秋副部长，就台湾与会问题作了五点正式口头声明，表示美方将以与APEC有关谅解和惯例相一致的负责态度，履行它的职责，并将根据有关只有一个中国以及中华人民共和国是中国唯一合法政府的一贯立场行事；台方将派“经济部长”与会；会议的安排将尊重主权国家代表和地区经济代表的区别。

我们出席夏威夷高官会代表团乘坐的班机下午1时起飞。这时我们正在机场焦急地等待美方答复的内容，以便在夏威夷中美高官双边磋商时心中有数。在快上飞机前10分钟，外交部通过电话把内容告诉了我们，并指示我们要在夏威夷具体落实。

在夏威夷，我们同美高官桑德拉、克林顿总统特别经济事务助理福弗（ROBERT FAUVER）、助理国务卿洛德（WINSTON LORD）先后进行了六次磋商。最后一次同洛德的会谈是在清晨6时，其中在认真落实美方承诺问题上的难度可想而知。洛德最后表示，美在台方与会级别问题上已做了极大努力，而这一点正是主权国家和地区经济区别之所在，是最重要的。美在座次等礼宾问题上，将按照APEC惯例办事，但不能代表APEC，单方面改变惯例。希望我方从大局出发，重视领导人会晤机会。

10月11日，刘华秋副部长在会见美国大使芮效俭时，考虑到邀请的是台方“经建委主任”萧万长（部长级），在最主要方面满足了我方要求，就稍微松动了一下，在重申我方原则立场的同时，表示如美方确有困难，我方可以对美方拟按APEC惯例进行礼宾座位安排“不持异议”，但萧万长只能以“经建委主任”身份与会，不得称为李登辉的“代表”或“特使”，也不得使用“行政院政务委员”的头衔。芮效俭表示，美方理解台湾问题的敏感性，将根据APEC的有关谅解备忘录和“一个中国”的政策尽力安排好，不使问题复杂化。

至此，“西雅图模式”已开始形成。后来，台湾派萧万长出席，克林顿总统在会前晚宴上介绍与会代表时，非常清楚地一字一句说，这位是“中华人民共和国江泽民主席”，那位是“中国台北经建委主任萧万长先生”。在会议休息和会见记者时，克林顿也很注意避免同萧交谈（从电视画面上看，萧总是想凑上去攀谈）。

“西雅图模式”最重要的意义是，在最高一级会议的实践中，进一步把台湾定位在“地区经济”上。MOU得到了全面的维护和遵守。这是我们在APEC会议中在台湾问题上的一次重大胜利。

1994年印尼作东，关于茂物领导人非正式会议涉台问题，解决得更加顺利，也更早一些。从一开始，印尼方面就明确向我表示，印尼将按“西雅图模式”办事，邀请台湾出席会议的人员身份不会高于萧万长。后来印尼要召开领导人特别助理会议，曾出现台方人员是谁的特别助理问题。在5月巴厘岛高官会期间，我同苏哈托总统的特别助理平托罗教授很快就达成书面协议。5月16日早上特别助理会议前，我国外交部部长助理秦华孙同平托罗签署了换文，确定APEC地区经济体的特别助理只代表其出席领导人非正式会议的人，领导人会议将遵循“西雅图模式”。台湾当局无可奈何，只好让其高官兼了特别助理。

据平托罗告，他后来悄悄以“教授”身份去了台湾，带了邀请萧万长的信。台湾当局不同意指名邀请，强调要由它自己决定派谁。他坚持不同意。因达不成协议，他把信又带了回来。他还说，苏哈托总统态度很明确，亲自向他交待，只能邀请萧万长，不能改变。9月日惹高官会期间，台方高官要见他，他没安排。会后在雅加达见了，重申邀请不可能改变，台方最后不得已还是接受了那个邀请，仍派萧万长出席了会议。

就这样，“西雅图模式”再次被接受和确定了。这是继西雅图会议后在涉台问题上给台湾当局的又一次沉痛打击，挫败了台湾竭力突破“西雅图模式”的图谋。

1995年日本作东，台湾与会问题稍稍复杂了一些。这主要是因为，台湾在茂物会议后不久，委任其“行政院副院长”徐立德兼任“经建委主任”，企图以此来突破“西雅图模式”，使其出席大阪会议的代表升级。

村山首相早在雅加达会见江主席时就表示，关于大阪领导人非正式会议台湾与会问题，日本有先例可循。后来他访华在同李鹏总理会谈时又重申了这一立场。但并未具体落实。我国政府的态度非常明确，一定要坚决打掉徐立德与会企图，即使徐只以“经建委主任”身份参加也不行，因为他的实际身份是“行政院副院长”。

当年1月下旬，日本APEC高官会主席濑木大使来北京磋商1995年APEC工作时，我们一面表示赞赏村山的表态，一面要求具体落实。同时提出，徐立德不得与会，即使仅仅以“经建委主任”身份也不行，因为他是“行政院副院长”兼的。我们还特意指出，前两次会议江主席都是在东道主就台湾与会问题做出肯定承诺之后才决定出席的，示意日方早作具体承诺。

濑木表示，村山首相已向我领导人明确表态，日方将沿先例行事。

李登辉访美后，这一问题对我方来说，更需早日明确和解决。江主席7月会见日本前首相海部俊树时对他说，希望此次APEC会议日本政府能遵守村山首相访华时的诺言，不违反西雅图、茂物模式。西雅图、茂物会议都是萧万长去的，今年台湾当局突然让徐立德兼任“经建委主任”。我看这给日本出了难题。

中日两国是一衣带水的近邻，日本作为东道主举办这次会议，按理我方应帮助你们开好这次会议，但我方希望无论如何不要发生令人不愉快的问题。关键是要遵守西雅图、茂物模式。

日本新闻媒体迅速作了报道，并引申强调，如台湾与会问题不解决好，江主席可能就不会去大阪。日本自己的媒体实际上形成了对日方的强大压力。

此后，随着会期临近，日方态度也更加明确。日方高官在同我方双边磋商时表示，希望我方不要因李登辉访美而不信任日本。村山首相表过的态，就是日本的态度，不会有改变，请我方放心。

大阪会前，日方派前外务次官松永专程来北京就台方拟派有名的企业家辜振甫与会征求我方意见。考虑到辜在被委任为“经建委委员”后，其总统府资政身份已不复存在，我方未持异议，但强调他只能以此身份参加。后来辜出席了大阪会议，采取了低调与会姿态。据港台方面报道，他在见到江主席时，曾握手寒暄说：“我一直想亲眼目睹您的风采，今天终于见到。”

派辜振甫与会是台方在百般无奈的情况下作出的选择。至于是否有其他考虑，外电有不少推测和评论，不得而知。但这显然是台湾当局的又一次失败，而且失败得更惨。

（七）“麻烦制造者”不甘心失败

1995年后，APEC涉台问题平静了一个时期（大约两年多），我们的同志开玩笑说，他们（指台湾当局）“没戏唱了”！

其实不然。他们虽觉理亏，备感孤立，但并不甘心失败。早在1993年初，当我从哥伦比亚离任回国途经旧金山时，一位国民党党部书记在一次私下交谈时就对我说：“不要以为李登辉同民进党的争论是‘统独之争’，不！绝对不是。李登辉这人翻手为云，覆手为雨，台独思想根深蒂固，他同民进党的争论实际上是‘独独之争’，即怎样去搞独立更好。”

当时，李登辉的台独思想刚刚有所暴露，这位朋友的话可以说是“入木三分”。李登辉企图通过APEC“拓展外交空间”，制造“两个对等的政治实体”和“两个中国”的一系列表演，正是他“台独”思想的一种反映。“麻烦制造者”总是要设法制造麻烦的。

1998年和1999年，台湾方面又“重起战火”，进行了三次挑衅，但又都失败了。

一次是1998年上半年，我方选派了一个庞大的代表团赴台参加科技成果展览会，台方故伎重演。台方媒体报道说，台“行政院副院长”兼教育委员会主任刘兆玄将出席主持开幕式。我迅即发传真给台方高官沈国雄，指出这有违MOU，要求纠正，并限期答复。否则，后果自负。

限期的最后一天，沈不得不回我一传真信，说媒体报道不实，台方并无此安排，自己找了一个台阶下。

不久，APEC工商咨询理事会金融方面的一个会议在台北举行。李登辉亲自搞了一个“小动作”，在会议结束后的那个晚上，特意安排会见并宴请了与会部分代表。在我提出这有违MOU并责问后，台方高官辩称，这不是APEC工商咨询理事会活动的一部分，是在“会议后”进行的，是“私人性质”，但同时表示，这次宴请安排是“上面”硬要办的，台“外交部”并不知情，保证以后不会再发生这类事件。

1999年，李登辉抛出“两国论”后，又放风说，中国台北要举办2003年APEC年会，试探反映。结果连美国也不支持，只好草草收场。

（八）台北一位代表说得好

APEC涉台问题的较量和斗争，以及“西雅图模式”的诞生，整个过程，正像台湾当局在APEC的某位代表私下所说的，他们无可奈何，明知不会成功，或者肯定要失败，但“上面有指令”，还是要硬着头皮去争、去斗，结果是斗争、失败、再斗争、再失败……真是死要脸面，活受罪！

我很赏识这位朋友的坦率和见地，他总结得很好。不过有一点他可能还不大清楚，台湾当局所要的“脸”，并不是通常人们心目中的“面子”，而是分裂祖国的图谋，是“对等的政治实体”或“两个中国”、“一中一台”。这样的“脸面”不能要，中国人民也不会给。

十、一个大使的欢乐与苦恼

当我在中国驻科威特使馆任政务参赞时，1984年10月的一天，忽然接到调任中国驻尼日利亚大使的通知。我虽然多少也认为，一个不想当将军的士兵不是个好士兵，但从未奢望当大使。因此，高兴是十分自然的，但我也未像《儒林外史》中范进中举那样欣喜若狂，而是冷静地感到自己在各方面的不足，感到任重道远。

1985年到1993年，我先后担任驻尼日利亚和哥伦比亚大使。1993年至今，我继续做大使，担任中国亚太经合组织高级官员。作为大使，在驻在国受到很大尊敬，在馆内也有相当的权威，出有车，食有鱼，饮有酒，不亦乐乎？但积近四十年之外交实践和观察，我深深感到，大使可以做得很舒服；也可以做得很窝囊；或做得辛苦，但乐在“苦”中。很多老一辈的大使在这方面为我树立了很好的榜样。他们把毕生精力献给了外交事业，他们对外的一言一行都同祖国息息相关，日夜操劳，奋斗不息。

这次在哥伦比亚任职期间，正是国内外形势大变之际。国内的改革开放正在步步深入；国际上苏联解体、东欧剧变，冷战结束，出现了一霸称雄和多极化的趋势；台湾当局的“弹性外交”攻势很猛；我各驻外使馆都在根据新的形势努力开创外交和经贸工作的新局面。在这样的大气候下，什么是我的最大欢乐和苦恼呢？

当台湾当局的“弹性外交”在拉美一些地方有所得手之际，我们认真执行中央的有关方针、政策，通过对哥伦比亚当局的深入交友和耐心工作，迫使台湾当局把冠有“中华民国”字样的商务处牌子去掉；当台湾的旗子在波哥大国际博览会期间“三起三落”时，我同全馆同志一起感到欢欣鼓舞。（注：台北商务处为搞“两个中国”，在展览的不同地区三次升起台湾的旗子，驻在国主办单位应我方要求迅即令其降下。）

我们使馆的同志精心设计了参加波哥大国际博览会的我国展馆的门面，以长城和五星红旗为背景，独树一帜，鲜艳夺目。当哥伦比亚一些大报在头版突出发表这一场景的彩色照片时，我和全馆以及我方参展人员都感到无比兴奋和自豪，当地很多友人也向我们表示祝贺。

由于全馆不断增强经贸意识，全力以赴地支援我国驻哥伦比亚的各个公司的业务，为人们牵线搭桥，排忧解难，1992年中哥两国贸易总额达到高峰，比上一年翻了两番。这时，我同全馆同志都到极大的快慰。因为我们没有“白辛苦”，我们以日常的辛勤工作为祖国的改革开放和社会主义建设做出了一点微薄贡献。

当政务参赞吴长胜同志在实践和使馆常委讨论的基础上，独立地写出我们使馆学习宣传贯彻十四大精神的报告，并受到部通报转发时，我觉得“青出于蓝胜于蓝”，也感到由衷的高兴。

欢乐是多方面的，但感受最深的是以下两件事：

（一）1991年“8·19”事件后，苏联加速解体，我国面临相当严峻的国际形势。许多外国朋友担心社会主义中国在新形势下能否站得住。我们外交队伍中也出现了一定程度的悲观情绪。我们经过冷静观察和广泛而深入的调查研究，清醒地认识到形势确很严峻，充分估计了不利因素，但我们同时更认为，形势对我

“未见得不利”，困难也不是像有些人说的那么严重。我国的改革开放不论是经济方面还是政治方面，同苏联都是不一样的，社会基础也大不相同，外交政策和目标更异。大量事实说明，我国在外交上有不少有利因素和回旋余地，在第三世界中的地位更是举足轻重。我们明确提出，一个追求世界霸权的超级大国的苏联如果解体了，或者“和平演变”了，对我国的威胁只会更小，不会更大。它的解体将大大有利于解除对我国的军事威胁，有利于我国打破包围，建立稳定友好的周边关系，成为我国建立国际和平环境的第一要素。在这些认识的基础上，1991年秋，我们先后写了三个报告：苏联最新形势发展对我国的影响利弊，“风物长宜放眼量”和对当前国际形势和我国处境的一些看法，并得到国内有关方面的肯定和好评。

在国际形势出现黑白性变化时期，使馆上下没有迷失方向，能认清形势，更多地看到机遇和希望，并努力开创外交工作的新局面。在这样的时候，我本人尽管有时十分劳累，甚至食不甘味、寝不安席，但内心感到无限欣慰，感到自己与祖国同呼吸共命运。

（二）1996年11月，亚太经合组织（APEC）领导人非正式会议发表的苏比克宣言明确指出，“按照APEC方式深化大家庭精神”，对APEC在本地区乃至全世界发挥积极作用是至关重要的，从而宣告了“APEC方式”的诞生。“APEC方式”是江泽民主席亲自倡导的，是我们具体准备和推进的。由于个别发达成员的强烈反对，一度几乎写不进宣言。经过磋商和力争，它妥协了。这对冷战后建立国际经济新秩序具有深远的意义。在这样的时候，我们尽管几天没睡好觉，心里是甜滋滋的，感到我们的工作同我国的外交和国际形势的发展，紧密相连，有着时代的气息。

作为一个大使，我有没有苦恼？有，不仅有，而且不少。

譬如，我的译员在一个关键性时刻逃跑了，我十分苦恼。尽管有些事不以人的意志为转移，教育也并非万能，但我还是感到十分内疚。又如，我国治疟良药青蒿素经过我们做工作，本可以进入非洲市场，后来却一度成了“嫁不出去的老姑娘”。这时我确实感到忧虑和苦恼。

但是，在两任大使期间，使我最感苦恼的还是以下几件事：

一是1989年11月我奉命到巴拿马同诺列加政府谈判建交。根据中央正确有力的批示，通过耐心工作，进展比较顺利。可是，当建交已经在望、有关文件已大体就绪、巴拿马外长加姆行将访华签署文件之前数日，12月20日凌晨5时半，我从电视新闻中看到美国入侵巴拿马的消息。这时，我真是伤心至极，感到“功”败垂成。在当时的情况下，如中巴（拿马）得以建交，将不仅是对台湾当局“弹性外交”的一个重大打击，而且是对西方企图孤立中国政策的很好“回敬”。

二是1989年政治风波期间美国舆论大加利用，鼓噪反华。形势大有“黑云压城城欲摧”之势。这时我虽头脑清醒，但十分苦恼。美国有什么权力指点中国江山？我们尊重美国的自由女神，但难道要把她放到中国的天安门去吗？

三是内部的“告状”。我很幸运，在哥伦比亚四年半来，内部团结一直很好，真所谓“家和万事兴”。我可以集中精力同全馆同志、特别是党委的同志，努力开拓对哥外交工作的新局面。我这里说的是在尼日利亚期间遇到的两次告状。为了不伤及有关同志，我这里不想说具体的人和事，但仍不禁想倾诉一下当时内心的痛苦。我因感到冤屈和不理解，曾同妻子一起彻夜难眠，抱头痛哭。后来事情虽然得到公正处理，我也并未看重事情对我个人前途的影响，但事情造成的内部摩擦却严重影响了使馆内部的团结和对外工作的展开。

大使的这类苦恼是很多人难以想像的。有人可能会问，大使还会哭吗？事实确是如此。我倾诉这些事，并非希望赢得同情，而是期望有关方面对大使们可能产生的这类苦恼给予必要的关切。

第五部分　晚霞篇

——静观国际风云代表作

丘吉尔说，新闻是没有国界的，但记者是有祖国的。观察国际形势也是如此。评论是自由的，但评论者是有立场的。我是中国人民的儿子，我深深热爱着祖国的土地。我要用我的“晚霞之笔”，在国际舞台上不断抒发中国人民的心声。

大国“核心利益一致”吗

一个时期以来，由于伊拉克政局继续恶化，伊朗核问题陷于僵局，时有“亮剑”趋势，加之黎以大规模军事冲突，人们议论纷纷，担心战火蔓延和失控，“城门失火，殃及池鱼”。其中有两种观点值得关注。一是宣称，“这是新世界大战的前夜”和“初级阶段”。一是强调，通过“大乱”可以达到“大治”，说由于“大国核心利益一致”，世界正在由紊乱走向秩序。

第一种观点似有炒作之嫌，而且有点耸人听闻。当今世界的实际情况是，大国力量对比严重失衡，大国之间基本上不存在直接对抗局面。俄罗斯正在努力回复大国地位，奉行“俄式韬光养晦”方针。中国正在努力建设和谐的小康社会，提倡共建和谐世界。欧美既合作又矛盾和摩擦，但谈不上对抗。美国虽然有点咄咄逼人，但也力不从心，更何况，如果能“不战而屈人之兵”，岂不更好？日本虽然有时也嚷嚷要“先发制人”，但目前不过是跟着美国走而已，掀不起大浪。

第二种观点（“大国核心利益一致论”）影响较大，在国际上有一定市场，容易误导舆论，好像大家现在都是“一根绳子上的蚂蚱”，“一损俱损，一荣俱荣”，天下就要太平了，就要组建（以美国为首）共管世界的“大国俱乐部”了。这是不符合世界实际情况的。人们只要看一看现在大国之间非常深刻的错综复杂关系，回顾一下冷战以来联合国安理会内的博弈，就会得出不同的结论。

诚然，由于经济全球化的迅速发展，现在国与国之间、特别是大国之间的相互“依存度”加深了，在诸多领域出现不同程度的“你中有我，我中有你”情况；任何一个国家的发展或衰退，都不可能是完全孤立的和互不影响的，大国的利益汇合点显然在扩大和拓宽。中国提出“合作共赢”方针，倡导和推动共建和谐世界，正是出于对这一新情况的了解和认可，本着与时俱进的精神，为了人类更加安全和美好的明天。但如果因此就认为，现在大国关系已经是“同兴衰，共枯荣”了，“大国核心利益一致”了，未免过于天真，也太理想主义了。那样的日子兴许会到来，但离现在还远着呢。

诚然，由于自然灾害、疾病和跨国犯罪等非传统安全的威胁上升，特别是恐怖主义的蔓延和国际化，世界各国、尤其是大国面临共同的挑战和“共同驱害”的任务，利益汇合点显然也在不断扩大和拓宽。实际上，在这些方面，大国之间已经有相当可观的合作。但遗憾的是，在“反恐”和防止大规模杀伤性武器扩散问题上，美国的战略和政策行为与众不同。在美国的字典里，“反恐”与美国的价值观息息相关，是美国推行新一轮全球战略扩展的一部分；它治标不治本，而且采取双重标准。车臣和东突之类的恐怖分子，在美国看来，就不算恐怖分子，美国就可以“法外开恩”，甚至明里暗里给予支持。在“防扩”方面美国的所作所为也大体如此。在这种情况下，硬说“大国核心利益一致”，岂不令人笑话？

这里要特别强调的是，从全球战略来看，冷战结束以来，美国一向直言不讳，美国新的战略目标，就是要实现“美国统治下的世界和平”。克林顿时期是这样，布什时期更是这样。克林顿强调，要使“世界免遭过去的灾难，必须有一个领导，而且只能有一个领导”，美国“最具有领导这个世界的能力”。布什继承和发展了这一战略思想，而且上了一个新的台阶，强调要按“上帝”赋予的“帝国使命”，向全世界普及美国的价值观，更迭“邪恶”政权，“推翻暴政”，改造世界。这就是美国的“核心利益”。试问：当今世界谁会接受和认同？在这个牵涉人类前途和命运的大是大非问题上，我们能说“大国核心利益一致”吗？

再从宏观上以及美国同其他大国关系来说——这里姑且不谈诸如中国核心利益台湾问题（这类问题中国有，俄罗斯有，印度和巴西等国也有），美国始终把中国、印度和俄罗斯等国看成是“处于战略十字路口”的国家，言下之意，就是这些国家还没有完全“顺着美国走”。其实，中俄印以及巴西等大国，出于世界大局和共同利益的考虑，在诸多领域和众多国际问题上，不同程度上都照顾美国的利益，力争同它合作，甚至对它做很大妥协让步。但在重大原则问题上，岂能一切“顺着美国走”？如果那样，大国的“核心利益”就真的同美国“合二而一”和“一致”了，那里还有什么自己的“核心利益”？

总之，当今时代，大国利益的汇合点确实在增多和拓宽，如果处理得当，还会进一步发展。但“核心利益一致”还是“路漫漫其修远兮”，一厢情愿是不行的。一是要靠美国民众的醒悟，以及美国当政者吸取教训，识时务；二是要靠多极化的和平发展，以及随之而来的国际力量对比的变化；三是要靠世界各国、特别是大国妥善处理相关的“核心利益”矛盾。在这方面，中国关于建设和谐世界的理念是一面旗帜，可以发挥积极的推动作用，不过并不是把“同”（核心利益一致）作为先决条件，而是“和而不同”，在核心利益“不同”的情况下，追求“和谐共处”。

（原载《世界新闻报》，2006年9月19日）

国之相交，礼尚往来

——写在胡锦涛主席访美前夕

随着胡锦涛主席访美日期的临近，中美双方都在不同程度上营造合作气氛。中美第17届商贸联委会会议也开得相当成功。这是令人欣慰的好兆头。

国之相交，以诚信为本，以平等相待为前提，和平、发展和互利共赢为目标。中美两国作为联合国安理会常任理事国，在国际行为和双边关系方面，都应该是“负责任的大国”。

所谓“负责任的大国”，从总体上说，就是要按照公认的国际关系基本准则，规范各自的国际行为，发挥各自的独特作用，寻求合作，避免对抗，对世界和平与发展负责。

从两国相交来说，一是要“双向的”，不能只要你对我负责，而我却不一定对你负责；只顾自己的利益和安全，而不顾对方的利益和安全。二是要平等待人，以诚信为本，不能以势压人，更不能以“冷战思维”看待对方。在这方面，美国有些朋友说的好，如果你（指美国新保守主义理想家们）现在就设定中国是“潜在敌人”，你最终势必要“制造一个敌人”。2000年美国大选后，我在中美日三方华盛顿“二轨对话”会议上也说过，中美双方“只有如实地把对方看成合作伙伴，至少是潜在的合作伙伴，才能避免对抗，成为朋友”。

去年以来，美国主流媒体关于中国的正面报道以及“中国机遇论”逐步增多，美国领导人关于中美关系的积极言论似乎正在占据上风，布什总统重视中美关系和胡锦涛主席访美的言词也一目了然。这些都显然有助于两国建设性合作关系的稳定和发展。

从美国媒体报道看来，美国对胡锦涛主席访美显然有一个“要价清单”，要求中国“必须”在美国的篮子里放上各种美国需要的“礼品”，从贸易逆差、知识产权保护、人民币汇率，到伊朗和朝鲜核问题，不一而足。

“礼尚往来”和“通情达理”是中国的传统美德和习俗。美国一切有利于中国的言行，中国是不会忘记的。对美国的困难和要求，中国也理解，而且认真对待。凡是合理的和力所能及的，中国都努力在做，如知识产权保护问题、贸易逆差问题，以及人民币汇率等问题。这是有目共睹的。美国如果不是太贪心，应该是很知足了。

不过，本着“礼尚往来”的原则，美国应该清楚，中国也有它自己的“清单”和“礼品”篮子，需要“回礼”。美国除了在台湾问题上需要以“负责任大国”的态度，妥善和认真处理外，还要如实地把中国看做“建设性合作伙伴”，而不是什么“潜在的战略对手”；尊重中国选择自己和平发展道路的权利，放下一点“超人的架子”，多做一些实事，少说一些中国“必须”这样，“必须”那样。

美国方面强调“公平贸易”，这很好。我在APEC担任高官期间，美国伙伴经常对我说，保护主义没有出路，自由贸易才有光明前途，我深受启发。中国赞成公平贸易，也力行真正意义上的自由贸易，但这一切必须是双向的，对等的。美国高科技市场为什么就长期不对中国开放？这能说是“公平”和“自由贸易”吗？

难道中国只能长期购买美国飞机、大豆和棉花吗？这显然是把贸易问题政治化。现在双方决定成立高级小组来研讨这些问题，如果能认真排除政治歧视和干扰，中美贸易逆差问题不难解决，对美国也大有好处。既有利于美国企业，稳定和发展美国经济，又有利于美国广大消费者。何乐而不为？

胡锦涛主席和布什总统即将举行会谈，祝愿他们站在时代的高度，乘风破浪，一帆风顺。

（2006年4月）

“金砖四国”的魅力和发展趋势

“金砖四国”领导人6月16日首次在俄罗斯叶卡捷林堡正式会晤，举世瞩目。发展中国家普遍关心，对之寄予厚望；发达国家也十分关注，担心新的“不祥挑战”。

一、“金砖四国”美誉从何而来？为什么是“金砖”而不是“银砖”或“砖头”

2003年10月，高盛公司第一次在一个报告中提出，国际上出现了引人注目的新生事物：“金砖四国”（“BRIC”，即巴西、俄罗斯、印度和中国四国国名的英文第一个字母构成）。“BRIC”一词英文原意是“砖头”，不知那位翻译高手把它译成了“金砖四国”。这并不是随意性的翻译，而是反映了我们时代变迁的亮点。这四个国家经济持续发展速度惊人，投资环境和发展前景普遍看好，如说它们是“银砖”似乎不够味，说是“砖头”更不合适，“金砖”是最佳选择。

首先，“金砖四国”是新时期许多发展中国家兴起具有代表性的反映。过去五六年来，“金砖四国”对世界经济增长的贡献已接近50%；按购买力平价法计算，经济总量已超过美国；从2006年到2008年，四国的经济平均增幅为10.7%。提出“金砖四国”概念的高盛公司预测，世界经济今年将萎缩1.1%，“金砖四国”经济则将有平均4.8%的增长率。全球外汇存底中，“金砖四国”持有近30000亿美元，达四成之多，在国际金融领域举足轻重。在世界经济体系中，它们正在发挥着前所未有的重要作用。

第二，“金砖四国”的出现是我们时代变迁的反映。它加速了世界多极化的发展趋势，并使国际力量对比发生新的、历史性变化。如果说20世纪五六十年代民族独立和解放运动是二战后对帝国主义和殖民主义体系在政治上一次致命的打击，那么这次以“金砖四国”为代表的发展中国家的迅速兴起，则是在经济和发展模式方面对西方主导的经济体系一次最为严重的冲击，而且正在向政治方面发展。

美国一位学者说得好，他现在似乎看到了新的“两极世界”：一个充满忧愁的美国和一个充满希望的新兴国家（群体）。法国总统萨科齐也说，世界即将进入“相对大国时代”，“金砖四国”“已为形成一个新的大国合唱的多极世界创造了条件”。

二、时代发展的需要，顺乎自然的进程

“金砖四国”的美名刚出现时，并不十分引人注意。但这毕竟是新生事物，专家们便开始琢磨和研究，四国高官也开始非正式会晤。2007年巴西总统倡议四国会晤后，四国外长和领导人已多次聚会，但仍然是在联合国和G7会议期间。

2008年5月，“金砖四国”外交部长首次在它们本土之一的俄罗斯叶卡捷琳堡举行了一天会议。会议发表的“联合公报”强调，“四国开展对话系基于相互尊重、相互信任和共同利益，对解决

全球发展领域的紧迫问题有着相同或相近的看法，对话的前景广阔”。

这表明“金砖四国”对当今世界面临的主要问题取得了具有深远意义的共识，四国在国际事务中有着共同的利益和关切；标志着它将向峰会和更广泛的合作领域发展。为了增强新兴经济体国家的整体声音和影响，也为了世界和平、稳定与共同发展，它们有必要加强对话、协调与合作。

此后，随着经济危机的爆发和蔓延，四国之间的会晤更趋频繁。在过去两次G20峰会前，“金砖四国”的财政部长和银行行长都举行了会议，进行磋商，并提出了宝贵的建议。这次“金砖四国”峰会正是这一进程合乎逻辑的结果，也是新形势下它们在国际舞台上扮演重要角色的开始，而且有着鲜明的时代性，具有历史意义。

三、“金砖四国”的魅力和生命力

这次峰会以前，国际上好评如潮，期望值一般都很高。但也有一些不同看法，有的甚至认为，除了争权夺利的“野心”之外，这四个国家没有什么共同之处。个别评论强调四国意识形态和社会制度的差异，渲染四国的矛盾和竞争，说别看它们现在打得火热，其实它们“各怀鬼胎”，它们的组合“兔子尾巴长不了”。这类观点如果不是冷战思维在作祟，起码也是对形势发展的极大误解。

众所周知，当前国际形势和格局深刻演变的重要特征一是许多发展中国家兴起，二是世界多极化在加速发展。国际力量对比正在发生难以逆转的变化。在这种情况下，发展中大国由于不同历史背景和地缘政治的影响，形成有所不同的组合，是很自然的，也是必要的。在这方面，不仅有“金砖四国”，目前比较有代表性的还有与G8对话的5国机制（中国、印度、巴西、南非、墨西哥）；中俄印三边合作机制；印度、南非和巴西三国“准联盟”。它们相互交叉，你中有我，我中有你；既有特性又有共性，虽有差异，存在着某些实际矛盾，但并不存在什么对立，更谈不上什么相互排斥和“各怀鬼胎”。它们的大方向是基本一致的，那就是要争取一个大发展的和平环境，要求改变不合理和不公正的国际制度。具体来说，就是普遍要求国际关系民主化，尊重发展模式多样化；要求平等的伙伴关系和“合作共赢”，不搞对抗。“金砖四国”的魅力和生命力正在于它们坚持这些重要原则，在于它们有着相同或相近的战略诉求，主张合作与对话应是透明、开放和不排他的。它们充分肯定华盛顿和伦敦G20峰会的成果，就是很好的例证。

就“金砖四国”内部的双边关系来说，中国同其他三国的双边关系都相当好，互利合作一直是它们关系的主流。尽管近来美日一些右翼媒体大肆挑拨中印关系，但两国都以大局为重。印度总理辛格在叶卡捷林堡对胡锦涛主席说，印度政府将把印中关系置于最优先地位，努力推进双方各领域的合作；印度不会允许任何人在印度领土上从事反华政治活动。这无异于对上述媒体挑拨离间的正面否定。

四、发展前景和战略诉求

这次会晤发表的16点联合声明涉及面很广，几乎涵盖了当今世界人们关心的所有紧迫问题。概括起来，大体可以看出“金砖四国”未来的三大发展趋势以及它们的战略诉求。

第一，“金砖四国”将逐步向“泛机制化”方向发展，领导人会晤一年一次，明年是巴西，如无意外，接下来可能就是印度和中国。其他领域的高官会议可能更多。会晤和对话的性质将是公开透明的，逐步深入的。不排除“金砖四国”今后顺乎自然地采取4+X形式（如非洲的南非和北美的墨西哥）扩大对话与合作范围。

第二，“金砖四国”的战略目标是要寻求建立一个更加民主和公正的多极世界，致力于推动多边外交，支持联合国的中心地位和作用。中俄是联合国安理会常任理事国，今后印度和巴西如果能以某种形式“入常”，“金砖四国”的国际地位和影响将进一步提高。它们将共同维护发展中国家的整体利益，但无意于取代G7，也不可能取代。它们将以平等的身份同发达国家对话和合作。

第三，“金砖四国”将协调立场，加强团结，共同应对金融危机，争取率先实现经济复苏。同时，努力推动国际金融体系改革朝着更加公平、公正和合理的方向发展，以体现世界经济形势的变化。其中最重要的一是应提高新兴市场和发展中国家在国际金融机构中的发言权和代表性；二是应建立一个稳定的、可预期的、更加多元化的国际货币体系；三是坚决反对贸易保护主义。当务之急是要确保今年 9 月在匹兹堡举行的G20峰会在采取集体行动方面取得更多进展。

第四，从以上情况看来，“金砖四国”在战略诉求方面，如呼吁“建立一个更加民主和公正的多极世界”，推动国际货币体系多元化，这同美国要建立“美国统治下的世界和平”，维护美元霸主地位的图谋显然是有着难以调和的矛盾。但“金砖四国”比较务实，注重包容。它们一般都不喜欢搞对抗，而是主张彼此尊重，平等协商，互利合作，共同发展。美国在外交理念上现在似乎也有些变化。奥巴马政府比较强调多边合作，不随意挥舞大棒，淡化了以“霸主”自居的气味。因此，在新的世界格局形成过程中，特别是在应对金融危机问题上，“金砖四国”同美国在竞争的同时，某种形式的合作并非是不可想象的。

总之，“金砖四国”有着较强的生命力和魅力，发展前景看好。当然，它们都有着各自的困难，有的还比较严重，加之外部势力的干扰和阻碍，前途不会一帆风顺。但它们迅速兴起的大方向是肯定的，不可逆转的。

（2009年6月）

谨防挑拨离间

美国《华尔街日报》4月8日发表某知名大学一位教授的专文说,（印度、巴西、南非）“三个强国的准联盟让中国靠边站”了。文章承认，美国及其主导的“全球自由秩序”受到发展中国家兴起前所未有的挑战和“威胁”，但按照美国自命不凡的价值观把发展中大国分门别类，并特意渲染印度、巴西和南非是“充满活力的民主国家”，而中国则是属于“另类”——一个“非自由国家”，一个“不民主国家”。

文章故弄玄虚，说人们原来很担心中国会“成为发展中国家代言人”，但“让人意想不到的是”，“当前世界秩序面临的更迫切挑战”不是来自中国，而是来自上述三个“拥有完美的民主背景和深远的全球影响力”的国家。

文章说，“这三个强国的准联盟固然对国际体系及其主要保证人美国都有重大影响”，但同样重要的是，它“破坏”了“中国大国野心”，“剥夺了中国代表发展中国家的说法”，“可能使中国在国际事务的讨论中靠边站”。

众所周知，当前国际形势和格局深刻演变的一个重要特征是许多发展中国家的兴起，国际力量对比正在发生历史性变化，以及世界多极化趋势在加速发展。在这种情况下，发展中大国由于不同历史背景和地缘政治的影响，形成有所不同的组合，是很自然的，也是必要的。但它们的大方向是基本一致的，那就是要争取一个大发展的和平环境，要求改变不合理和不公正的国际制度。具体来说，就是普遍要求国际关系民主化和发展模式多样化；要求平等的伙伴关系以及“合作共赢”。在这方面，目前比较有代表性的莫过于以下几个组织：与G8对话的5国机制（中国、印度、巴西、南非、墨西哥）；“金砖四国”（巴西、俄罗斯、印度和中国）；中俄印三边合作机制；印度、南非和巴西三国“准联盟”。它们相互交叉，你中有我，我中有你；既有特性又有共性，虽有差异，存在着某些实际矛盾，但并不存在什么对立，更谈不上什么相互排斥、谁让谁“靠边站”的问题。拿中国来说，中国同三国“准联盟”的每个国家关系都相当好，互利合作一直是它们关系的主流。

但作者不顾起码的事实，而且硬给中国加上一些莫须有的罪名，说什么中国有“大国野心”，企图“代表发展中国家”；中国口是心非，表面上呼吁国际事务民主化，事实上却担心这会给中国带来损失，“走自私自利的道路”，等等。作者身为教授，如果说他对客观事实全然“无知”，恐怕难以令人置信。人们只能认为他存有政治“偏见”，至少有意无意在起着挑拨离间的作用。

《华尔街日报》现时发表这篇文章并非偶然。据美国媒体报道，美国新保守主义理想家的代表人物目前正在重新集结，成立“外交政策创议”组织，“核心主张是对抗中国和俄罗斯”。实际上，冷战结束以来，美、日、欧的这类人物一直念念不忘以意识形态和社会制度划线，误诊时代脉搏。近几年来，他们竞相拉拢印度，不断渲染中俄印之间制度和战略目标方面的矛盾，极尽挑拨离间之能事。前年，印度试验战略导弹，他们大肆宣传，说这显然是“矛头指向中国”，印度的导弹今后“可以打到北京”了。他们为什么不说“可以打到东京和夏威夷”呢？司马昭之心，路人皆知。现在这类蓄意挑拨离间的言论层出不穷，发展中国家、特别是有关发展中大国，千万不能丧失警惕，而且有必要让其示众。

（2009年4月21日）

入木三分话“笨伯”

——美国外交元老指迷津

美国《纽约书评》不久前发表了美国资深外交官乔治·凯南接受普林斯敦大学教授理查·厄尔曼访问的谈话。凯南因为年事已高，近年来很少公开发表意见。但他仍在冷静地观察着国际形势的变化和发展。不鸣则已，一鸣惊人，切中要害。

在这次谈话中，他谈了很多问题，最引人注目的是以下三个方面：

1. 美国应如何对待中国

凯南说，他“希望美国政府逐步从公开倡导民主和人权的立场撤退”，“对别国的内部事务采取更加超脱的态度”。他特别强调说，“我们尤其不应该让这类事情影响我们同中国的关系。中国人是亚洲的法国人……他们都是自豪的人民，都意识到他们有着伟大的文化传统”，“他们不会变成像我们一样”。因此，美国“要以极其高雅的礼貌和尊重对待他们”，而不应“带着优越感对他们说‘应该学会像我们一样治理你们的国家’。这简直太不体面了。老天爷，我们能不能不要那样胡闹？”。

凯南说的是怎样对待中国，实际上牵涉到美国正确对待世界各个国家和人民的问题。在这个星球上，难道只有中国人像法国人或法国人像中国人吗？难道只有中国和法国才“意识到有伟大的文化传统”吗？显然不是。

2. 美国应如何看待自己

凯南不同意厄尔曼教授的所谓“主流观点”（认为美国有能力干预而不干预，等于成了帮凶）。他说，目前“整个趋势是把我们自己看成政治开明的中心，而且是世界其他很大部分的导师。我认为这是没有想清楚，虚荣自负，并不可取”。他强调指出，“无限期地把别国政府的功能接收过来，按照美国自己的方式，而不是按照当地的传统办事，是不行的。不论美元还是刺刀都不能保证成功”。凯南认为，“美国最好把对领导世界的可能性的梦想和愿望缩小一点”，“美国实在并不那么伟大”。

识时务者为俊杰。凯南是冷战时期“遏制”政策的倡导者，现在能说出如此明白的话，显然是他的经验之谈，说明他毕竟是个智者，希望在晚年起一点老马识途、指点迷津的作用。

3. 美国唯一超级大国地位能维持多久

厄尔曼教授很关心并向凯南提出这一问题。凯南很坦率地回答说，单就军事力量来说，也许能够维持很久。但是单纯靠军事力量即使优势极大，也只能取得短期的成功。可以毫不迟疑地说，“这个星球绝不会由任何一个单独的政治中心来统治，不论其军事力量有多大”。厄尔曼教授似有不服，进一步辩解说，美国靠的不仅是军事力量，其流行文化也风靡全球。凯南回答说，那是美国“文化”最廉价、最愚蠢、最声名狼藉的表现。难怪它成为全世界有识之士的笑柄……尽管美国有军事优势，仍然是世界的“笨伯”。

有人说，凯南用语过于尖刻，太不客气了。不过，在世纪之交，在“新干涉主义”和美国新保守主义理想家们反华噪音甚嚣尘上的时候，凯南这位95岁的外交元老直言不讳的谈话，也许是很好的清醒剂。如今在美国领导集团中，陶醉于霸权地位的人多，能直面世界现实、冷静和独立思考的人少，有独到见解的人更是寥寥。凯南的谈话入木三分，难能可贵，发人深省。不知美国的“笨伯”们读后有何感想。

（1999年9月）

我喜欢罗斯福总统的坦率

——对美国推行民主和人权的一些认识

布什总统2月初提出“大中东民主计划”，虽未公布，但已炒作得沸沸扬扬，核心内容主要是推行“美式民主”和“美式人权”等价值观，鼓励大中东地区国家进行民主改革和开放经济。这是美国全球战略的一个重要部署。布什总统最近一再强调，他不仅要在伊拉克和中东，还要在整个世界推行自由事业，“在中东的心脏建立一个自由的伊拉克，将是全球民主革命的分水岭”。为此，美国已派要员到欧洲和中东地区进行游说，开展公关活动。

不过，欧洲反应似乎并不那么热情，法、德等不少欧盟国家，或有不同看法，或有诸多保留。阿拉伯国家态度不尽一致，但总体情况是，表示冷淡和反对者众，附和与表示慎重者寡。埃及总统穆巴拉克明确反对打着“改革”的旗号，“将外部世界的意志和方案强加于他人”。他的话可能有相当的代表性。各路专家意见分歧较大。有的认为，“大中东民主”，“美国造”，中东的“土”，可能长不好“美国的草”。有的认为，美国民主如此之好，为什么中东的“土”，就长不出“美国的草”，现在中东国家如利比亚等，不是“纷纷在向美国靠拢吗”？还有的人认为，美国过去在中东“容忍”独裁和反民主政权，现在要动真格的了，将放弃“中东民主例外论”。

这些意见出自不同立场，或代表不同利益，人们不难理解，也不难从中得出自己的结论。不过，由于不确定因素和变数很多，有些问题还有待实践检验和进一步观察。

美国的“民主”，确有不少可取之处。他山之石，人皆可用。美国要在中东乃至全世界推行“美式民主”和“美式人权”价值观，看来也是真的，这正是它要领导这个世界的战略目标。问题是它的本质和虚伪性。在这方面，我非常喜欢富兰克林·罗斯福总统的坦率。

美国领导人历来喜欢谈论，“文明世界”是不能容忍独裁和滥杀无辜的，更不能容忍种族清洗，把“美式民主”和“美式人权”吹得天花乱坠，娓娓动听。可罗斯福总统却异乎寻常地坦率。当年，在一次记者招待会上，有记者问，拉丁美洲某国总统杀人如麻，独裁统治，美国为什么不仅不反对，反而支持他。罗斯福非常形象地回答说，这个独裁者“也许是个狗娘养的，但他是我们（美国）的狗娘养的”。他一语道破了美国在“民主”和“人权”价值观问题上的双重标准和虚伪性。

自罗斯福以来，美国在这方面的表演，可以说比比皆是。所谓“中东民主例外论”和美国现在要放弃“中东民主例外论”，不过是迷惑人的烟幕，起着误导的作用。实际上，一个国家是民主还是独裁，对美国来说，既重要又不重要，一切要看是否符合美国的利益。凡是“美国狗娘养的”，即使再坏，它也要把它列为“例外”，予以保护和支持；反之，就不能“例外”，就要祭起“人权高于主权”的大旗，进行人道主义干预和打倒，必欲除之而后快。在中东是这样，在欧洲、拉丁美洲和非洲也都是这样。

在南斯拉夫解体过程中，美国支持的前南某共和国对其境内塞尔维亚人进行了野蛮的屠杀。这是巴尔干战争中最大的一次种族清洗。海牙战争罪行法庭调查断定，该国政府“犯有战争罪行”。但美国，正像它本国《时代》周刊所揭露的，对此“没有谴责，没有制裁，没有轰炸，也没有什么反对种族清洗和滥杀无辜”之类义愤填膺的言辞。相反，却转弯抹角地予以赞扬和“悄悄鼓励”。

前年，委内瑞拉发生未遂政变。美国媒体报道说，美国政府对这个国家民主制度的突然中断“没有表现出丝毫的同情”，更没有“一丝遗憾”。对查韦斯总统下台，美国白宫和国务院“都感到满意”；对政变头目宣布自己是“临时总统”，则保持“令人怀疑的沉默”。不仅如此，“美洲国家组织”召开紧急会议，根据《美洲民主宪章》，通过决议谴责委内瑞拉政变，唯独美国一家反对。美国代表指责这些国家“只重视委内瑞拉最近24小时发生的事情，不重视那里过去24个月发生的事情”；企图说服大会相信查韦斯下台对大家都有好处，不要谴责。查韦斯重新执政后，美国无可奈何，但仍强调说，“查韦斯应该反思”，“他的船很长时间以来在一个错误的方向上航行”。一直到现在，美国仍然明里暗里同查韦斯作对。无怪乎美国《纽约时报》尖锐地指出，“政变”什么时候可以不被称为“政变”呢？如果美国认为这不是一场“政变”，那就不是，那就是“政府更迭”。美国一直倾向于让对美国友好的面孔出现在总统府里，不论这些面孔穿不穿军装，只要他们对美国忠实可靠就行。说得多么切中要害。

从以上这几个并不复杂的事例，可以看出，美国要推行“大中东民主计划”，与其说是为了别国的民主和人权，不如说是为了实现符合美国利益的“政权更迭”，是为了实现美国在全球新一轮战略扩展，从而达到“美国统治下的世界和平”。只不过现在的做法不像罗斯福总统那样坦率，有点遮遮掩掩罢了。

（2004年4月16日）

世界进入“反恐战争”时代了吗

“9·11”事件三周年，转眼又过去一个多月了。在这一期间，美国媒体发表了大量评论，有些是反思性质的，有些是质疑性质的，也有不少是分析批判性质的。由于处境和看问题的角度不同，或代表着不同的利益集团，意见诸多相左。但也有不少共识，至少在以下几个方面是比较一致的：三年来，美国加大了反恐力度，美国的“反恐战争”扩大化了；恐怖主义虽受到沉重打击，仍十分猖獗，且有蔓延之势；美国既没有得到军事胜利的喜悦，也没得到安宁，我们生活的这个世界似乎更不太平了。

在诸多评论中，有一种人的意见很值得注意和商榷。他们强调，“9·11”事件改变了世界，在新形势下，“地缘政治不存在了”，“冷战思维消失了”，“传统安全逐步让位于非传统安全”；现在世界已进入“反恐战争时代”，“反恐”是全世界的“头等任务”，等等。这类意见，不论主观意向如何，客观上都起着误导读者的作用。

世界的现实果真如此吗？显然不是。

我们不妨回顾一下冷战结束以来、特别是“9·11”事件以来的国际形势和美国的外交动向。

90年代初冷战结束后，饱受世纪战乱之苦的世界人民，普遍感到高兴，渴望过安宁的生活，期盼世界的和平与发展。这是时代的大潮流。但令人失望的是，冷战思维并未随着冷战的结束而消失；霸权主义也未因为另一个霸权国家的解体而随之退出历史舞台；希望国际局势持续动荡的军火商，也幕后兴风作浪，企图挽回军火工业的颓势。“文明冲突论”、“单极稳定论”、“中国威胁论”，以及“人权高于主权”和“新干涉主义”等一系列论点应运而生。

克林顿总统公开宣称，“要使世界免遭过去的灾难，必须有一个领导，而且只能有一个领导”，美国“最具有领导这个世界的能力”。美国1998年发表的“新世纪国家安全战略”更是毫不隐讳，美国就是要领导这个世界，绝不允许世界上出现任何可能挑战美国“领导地位”的国家或国家集团。“北约东扩”、“日美防卫合作新指针”和“战区导弹防御体系”就是在这一指导思想下产生的，科索沃战争也是在这一背景下发动的。这一切，美国一些媒体称之为“善良的霸权主义”或“仁慈的霸权主义”，可是在世界人民看来，却不是好兆头，而是一股强大的逆流，冲击和破坏着世界人民渴望和平与发展的大潮流。这两种潮流之间的冲撞和斗争，实际上拉开了时代主要矛盾的序幕。

布什总统继承了克林顿的丰厚战略遗产，但走得更远，更咄咄逼人。他一上台便四面出击，大搞单边主义，迫不及待地中断同朝鲜的会谈，下令轰炸伊拉克，退出《京都议定书》，拒不批准全面核禁试条约，为推行导弹防御体系大造声势，严重冲击着公认的国际法和国际关系准则，使克林顿时期形成的那股逆流，更加汹涌泛滥。21世纪伊始，世界面临的主要挑战和矛盾也就展开在人们的面前了。

恐怖主义也是我们时代的一股逆流，“9·11”达到了顶峰。

目前，它显然已是全球性的，且有蔓延之势。它为了达到目的，不择手段，惨无人道，伤害无辜，破坏社会稳定，闹得几乎全世界都不得安宁。恐怖主义和霸权主义这两股逆流，从不同角度、以不同方式，严重冲击着我们时代的大潮流。但它们主次有所不同。霸权主义是矛盾的主要方面；恐怖主义在一定程度和一定意义上是派生的（包括经济全球化的负面影响，以及一些宗教极端势力的驱动和催生）。恐怖主义活动的全球性及其猖狂性，只能说明问题的严重性，并不等同于是矛盾的主要方面。同霸权主义比较起来，它毕竟是"小巫见大巫"。"小巫"当然也要坚决反对，但如果把"小巫"同"大巫"混为一谈，就容易误导，甚至掩盖矛盾的主要方面，忽略我们时代和平与发展两大主题所面临的最主要挑战和问题。

"9·11"事件确实是对美国的沉重打击，当时全世界几乎都对美国表示同情和支持，强烈谴责恐怖主义。法国人甚至喊出了"我们都是美国人"的动人口号。在这种情况下，美国完全可以沉着应对，适时反思，调整政策，弃霸道，行王道，做一个美国某些"识时务学者"所希望的"人道的霸主"，团结世界各国，在多边基础和联合国框架内进行真正意义上的反恐。可惜美国的当政者私心太重，经不起"美利坚帝国使命"的诱惑，反恐的路线很快就偏离了方向，而且扩大化了。

首先，美国把它的"反恐"称之为"全球性反恐战争"，国际上对此普遍持保留态度。欧洲的法国、德国和比利时等很多国家，俄罗斯，以及亚洲绝大多数国家，都把它称之为"反恐斗争"，美国国内舆论也有不同看法，连布什总统自己不久前也承认，"反恐战争"这个名字取得不恰当，需要有一个"更为准确的名字"。

第二，美国发动的伊拉克战争同"反恐"并无直接关系，谈不上是什么“反恐战争”，充其量只能说带有某些“反恐斗争”的味道罢了。这一点实际上已是举世公认。美国发动伊拉克战争的两大依据早已成了“皇帝的新衣”，现在也不得不改口，说萨达姆“有野心要发展核武器”，美国需要“更迭政权”。目前伊拉克局势严重动荡和混乱，暴力不断，既有恐怖主义因素（包括国家恐怖主义）和需要反对恐怖主义的一面，更有占领和反占领斗争的一面。美国新保守主义理想家们把这场战争称为“反恐战争”，把反对美英占领的武装斗争统称为“恐怖主义”和“颠覆势力”，显然是不符合事实的。

第三，“9·11”事件以来的实践表明，美国奉行的基本方针是“反恐谋霸”，“挟反恐以令天下”。在“反恐需要”的旗帜下，在“地缘政治不存在了”和“传统安全逐步让位于非传统安全”的掩盖下，美国军事力量已大摇大摆地进入了俄罗斯在中亚的后院，正在这一地区燃起新的热点，引起俄罗斯和有关国家的警觉和不安。美国军事力量已从两方面推进到伊朗边境，对南亚和东南亚也有明显的渗透。现在的实际情况并非是“地缘政治不存在了”，而是更强化了；不是“传统安全让位于非传统安全”了，而是在非传统安全因素上升的同时，传统安全也吃紧了。

第四，美国把一些国家定为“邪恶轴心国家”和“无奈国家”，把另一些国家定为“失败国家”，还把很多国家定为“不站在我们一边就站在敌人一边的国家”，而且威胁要进行制裁，实行先发制人的打击，更迭它不喜欢的政权。这同“反恐战争”有多少关系？世界上有几个甘愿“顺着美国走”的国家？这只能制造更多的敌人，迫使更多的国家在军事上准备应对措施，从而使美国自身不得安宁，也使我们生活的这个世界更不太平。

从以上简单的回顾，不难看出，当今世界并不是进入了“反恐战争时代”。我们时代和平与发展两大主题面临诸多逆流的冲击，其中首先是霸权主义，其次是恐怖主义。当然，这并不是说，“反恐”必先“反霸”。它们之间虽然不无某些内在的因果关系和互动关系，但也不能说都有必然的联系。这两股逆流我们都要反，但一定要心中有数，有度，明白主次，不被误导。

（2004年）

美国心目中的“十字路口”国家

美国在评估中国形势时，经常强调中国发展前景和道路“不明朗”，具有“不确定性”，目前正处在“战略十字路口”。

中国独享此“荣”已经好几年了。现在情况似乎有了点变化。美国最近公布的《四年防务评估报告》，除了把中国列为“未来对美国最具军事威胁的国家”外，还将俄罗斯和印度同中国一并列为“处在十字路口”的“转型大国”。这样一来，中国身边忽然多了两个“伙伴”，也不再“光荣孤立”了。

中国的和平发展道路和方向是十分明确的，不仅有大量庄严的政策宣示，而且已为国际实践所证明。可是美国就是不相信，不放心，喜欢说三道四，指点方向。为什么？原因很简单，说穿了就是美国手里有一把自制的尺子，上面刻着美国字典里“自由”与“民主”的“价值观”。只要中国政治制度和社会思想一天不“美国化”，中国仍然坚持“社会主义市场经济”等原则，不沿着美国指引的方向走，就是“异类”。既然是“异类”，当然就只能站在“十字路口”了。

我不敢代表俄罗斯说话。但我知道，苏联解体后有一段时期，美国多少还是比较满意的。现在普京总统领导的俄罗斯似乎大大醒悟了，不吃美国那一套了。国力也在迅速恢复和发展。用某些俄罗斯学者的话来说，他们已开始丢掉幻想，走自己的路。因此，美国沉不住气了，把俄罗斯也放在“十字路口”，以显示“对俄罗斯发展方向的高度警觉”。

我更不敢代表印度说话。但我也知道，美国和日本一直想搞一个“亚洲小北约”，印度虽然非常重视印美关系，愿意同美国加深合作，然而，印度有自己的独立自主外交与不结盟传统。正像印度一些朋友所说，“印度的DNA不允许它成为任何国家的附庸”。加之，经济上印度正在成为“美国新的竞争对手”，外交上印、中、俄举行过三方外长会议，美国当然既不满意，也不放心。所以，尽管还要继续拉印度，把印美关系称之为“战略伙伴关系”，仍然要把它放在“十字路口”上去。

其实，中、俄、印都不是站在“十字路口”，都在走自己的路。只是美国的“霸气”模糊了眼睛。

（2006年2月10日）

美国军火商快乐的春天

冷战结束十几年来，世界和平与发展的潮流遇到相当严重的冲击，各种名目和性质的冲突与战争不断，中东一些地区更是战火纷飞，生灵涂炭。世界似乎更不安全了。

面对这种情况，人们首先想到的，当然是霸权主义作祟，是经济全球化引起的负面影响和社会的不公平、不公正，以及恐怖主义的泛滥和跨国境贩毒，等等。这些无疑都是事实。不过，我们千万不要忘记了“快乐的军火商”，特别是美国媒体所说的“最大的死亡出口商”——美国军火商。

两霸争夺和冷战结束后，世界各地“热点”一度也随之降温，军火工业股票一路下滑，十分萧条。如果世界真的进入和平与发展时代，那简直就是军火商的末日来临。美国军火工业集团不能坐以待毙，大军火商迫切需要一个“持续的动乱年代”，他们的利益驱动着他们的代理人和“朋友”逆潮流而动，播撒新冷战的种子，制造和挑起事端，推波助澜，煽风点火，甚至发动热战。

科索沃战争给他们打了第一个强心针。此后几年，尽管美国工业股票普遍下滑，但军火工业股票却不断上扬，一枝独秀。生产“战斧”式导弹的雷神公司的股票一下就上涨了10%。战争爆发一年左右，全球军火销售总额增长了8%，接近369亿美元，美国军火商占一半以上。

紧接着就是“9·11”恐怖袭击事件，这是第二个、剂量更大的强心针，它为人类带来了灾难，但却为美国军火商带来了“百年不遇的好光景”。阿富汗和伊拉克这两场战争，美国军火商大发横财，肥得简直流油。2002年，五角大楼80%以上的军事订货差不多被洛克希德—马丁等五家大军火公司席卷一空。它们各自都有至少100亿美元进账。美国发动伊拉克战争后，2004年，洛克希德—马丁公司的销售总额高达355亿美元，较上一年增长12%；实现赢利至少12.7亿美元，增幅达20%。据估计，该公司2005年销售额还要高于2004年。

最近以色列大举进攻黎巴嫩，美国紧急运送最先进的航空燃油和精确制导导弹予以支持，除了政治和战略上的考虑外，还有军火商巨大红利的驱使。这次紧急供应，价值高达2亿—3亿美元。这还仅仅是一个新的开始，更大量的后续补充军备供给，很快就会接踵而来。不仅如此，美国同时还利用约旦和沙特等海湾国家对安全的担忧，宣布即将向它们提供价值达40亿—60亿美元的直升机、坦克和军舰等先进武器装备。

现在，黎巴嫩很多现代基础设施已毁于一旦，近百万人流离失所，经受着战火的煎熬，无数儿童丧失生命，母亲在哭泣呼喊。可是，美国的军火商却乐开了怀，在偷偷地笑呢。无怪乎一些国际评论说，黎巴嫩“悲惨的冬天”正是美国军火商“快乐的春天”；美国军火商是这场战争真正的“赢家”。

（2006年8月）

发人深思的幽默与讽刺

美国民众很现实，也很幽默。人们往往可以从他们的幽默中看到他们明确的政治见解和尖锐的批判能力。

3月20日，笔者在《解放日报》发表的一篇“国际漫笔”中曾经引用了两个这类幽默。美国政府当时把对伊拉克战争的代号定为“Operation justice”（正义行动），美国民众用谐音法把它说成是“Operation just us”（只有我们行动），讽刺这不过是孤家寡人之举。当时美国政府声称，它要率领“Union of willing”（志同道合者联盟）对伊动武，美国民众又用谐音法把它说成是“Union of billing”（“伸手要钱者联盟”或“开账单联盟”），讽刺美国政府要组织联盟的真正性质。现在实践已经证明，他们是很有见识的。

最近，围绕所谓伊拉克“情报门”事件，美英政坛闹得不亦乐乎，不可开交。美国已开始出现了“勇敢的替罪羊”，英国逼出了“知情者的命案”。反对派趁机发难，甚至扬言要弹劾总统。一场困扰“两布”（布什和布莱尔）的风波，正在引人注目地发展，方兴未艾。

两国媒体更是大肆炒作，而且发表了不少带有批判和揭露性的照片，其中有一幅特别醒目：美国民众中一位妇女手举印有布什和布莱尔画像的巨大标语牌，上书“WEAPONS OF MASS

DECEPTION”（“大规模欺骗性武器”，英文缩写WMD），与英文“WEAPONS OF MASS DESTRUCTION”（大规模杀伤性武器）谐音，与其缩写字母WMD完全一样。

这幅标语也很幽默，具有很大的讽刺性，深刻而尖锐地揭露了所谓“情报门”事件的本质。

美英发动对伊拉克战争的主要理由和依据是，“伊拉克正在开发并藏匿了大规模杀伤性武器”，而且在很短时间内（有的甚至耸人听闻，说“48小时内”）便可部署完毕，直接威胁美英的安全。它们认为，联合国核查效率低，速度慢，它们不能坐等挨打，必须先发制人……所以，它们不顾联合国安理会清醒的反对意见，不顾国际上的强烈反战呼声，靠着未经证实的“情报”，误导国内民众，发动了一场耗资巨大的对伊战争。

对美英的所谓“情报依据”，人们早就心存疑问，质疑颇多。现在美英占领伊拉克全境已100多天了，在伊拉克驻军加起来近20万，而且派了上千人的专家到处寻找“大规模杀伤性武器”。可是至今仍一无所获，连影子也没有。美英和国际媒体不断提出各种疑问：伊拉克大规模杀伤性武器究竟在哪里？伊拉克如果确实有，为什么在生死关头不动用？这是不是布什总统“皇帝的新衣”？

美英领导人现在似乎有点乱了阵脚。他们一会儿说，肯定会找到大规模杀伤性武器（谁信呢）；一会儿又说，伊拉克“试图”重新启动核武器发展项目；还说，即使找不到，上帝也会原谅他们，历史将证明他们是正确的，因为他们推翻了一个暴君政权，为伊拉克送去了“民主”和“自由”（早知今日，何不当初就直说这才是真正的“理由”和“依据”呢）。

美国民众上述三个幽默充分反映了他们分辨是非的智商。他们一些人可以被误导和蒙蔽于一时，但不可能长久和永远，更不可能是绝大多数人。随着事态的发展，美国民众必然会联想到美国历史上靠谎言误导而发动战争的诸多先例，必然会进一步质疑有关领导人的诚信度。好戏似乎还在后头。

（2003年）

自由女神在哭泣

5月初，布什总统宣布伊拉克战争“胜利结束”一周年之际，伊拉克前线传来的不是美英占领者的“胜利喜悦”，而是几乎遍及全境的、反抗占领者的枪声和爆炸声。

比这些枪声和爆炸声更厉害的是，美军虐俘事件连日来频频曝光，震动了整个世界。这实际上是美国自制的、比任何“大规模杀伤性武器”都更具杀伤力的“原子脏弹”，遭到全世界的同声谴责。很多人感到愤慨，不少人感到不安和伤心，也有一些人说是感到“恶心”，实际是感到“揪心”和心虚。可是，谁心里最难过、感到最大的羞辱和悲伤呢？

我站在大洋此岸，远眺大洋彼岸人们向往的那块“圣地”。我仿佛看到那圣洁的自由女神在哭泣，伤心地哭泣。啊，是她，是美国人民热爱的自由女神，不是拉姆斯菲尔德，也不是布什，在痛苦地流泪、哭泣。她真的感到历史上从来没有过的羞辱和痛心。

我从事外交工作数十年，有很多美国朋友。过去每与他们交往和闲聊，往往会情不自禁地想起美国的自由女神。每次到美国，只要有机会，也总是要去参观和瞻仰她那圣洁而坚挺的形象，以及那首几乎传颂全世界的诗篇：

把那些疲乏的、贫困的
渴望自由呼吸的
被遗弃在熙熙攘攘的海岸上的人们
都交给我吧
把那些无家可归的、饱受颠沛流离
之苦的人们也一起交给我
我在金色之门高举起自由的火炬

她一手紧抱美国《独立宣言》，一手高举象征自由的火炬，头戴光芒四射的冠冕，气宇轩昂，象征着美国人民争取自由的崇高理想，是圣洁而刚毅的美丽形象。

可是这些日子来，我一想起美国，眼前马上就出现一个相反的形象：一个好像钉在十字架上的囚犯，穿着黑色罩袍和蒙面连衣帽，两手和下身绑着电线。自由女神怀里的《独立宣言》没有了，象征自由的火炬不见了，光芒四射的冠冕也被乌云似的黑帽取代了。这个被侮辱与被损害的囚徒形象，在我脑海里时隐时现，挥之不去。

我尚且如此，更何况那圣洁的自由女神。她不仅被玷污了，而且被混淆了，甚至可能要被取代了。她怎能不伤心落泪！

美国领导人说，虐俘事件只是少数士兵所为，“并不代表美国”。让人百思不得其解。

美国无疑是当今世界最强大的国家，美国人民是伟大的人民，自由女神代表着一种美好的理想。美军虐俘行为确实不能代表美国。但无可争辩的事实是，它是美国霸权思想和错误政策的必然产物；美国士兵的残酷虐俘行为，正是在美国霸权思想长期指导和错误政策的鼓励和纵容下发生的。

美国领导人公开宣称，他们对“反恐战争中俘虏”的行为，不受“日内瓦公约”的约束；他们允许美军可以对俘虏采用“非常审讯手段”和进行“无情威胁”；允许美军可以“抓你想要抓的人，做你想要做的事”，“没有规则约束”。这种无拘无束、肆无忌惮、凌驾于国际法之上的霸道思想，难道还不是对美军士兵虐俘行为的鼓励和纵容吗？所以，真正玷污自由女神形象的，不是少数士兵，也不完全是美军，而是那些制定错误政策的人，是那些“美利坚帝国”的理想家们。正是他们使自由女神蒙羞，使强大的美国不像是一个真实的自由女神所在的国土。

其实，他们玷污自由女神不仅仅是这一次，也不仅仅是这一件事，只不过这次事件更加恶心、更加不堪入目罢了。长期以来，他们在民主、自由和人权问题上奉行双重标准；他们反恐谋霸，独断专行，认为“美国的权威高于联合国”；他们大搞“单边主义”和“先发制人”，任意把别的国家定为“无赖国家”、“失败国家”和“不站在我们一边就站在恐怖主义一边”的国家；他们不能平等待人，以强凌弱，只顾自己的“绝对安全”，不顾别国的死活，等等，无不有损美国的声誉，玷污自由女神的形象。

现在出现在人民面前的是两个截然不同的形象。当人们走向自由女神时，立即会发现“重影”和“变形”。一个是理想的、虚幻的，美国领导人仍在拼命鼓吹的；另一个却是活生生的、悲惨而屈辱的，甚至是血腥的。

这几天，我又一次眺望大洋彼岸。自由女神看来是更加伤心了，似乎正在叹息。她显然觉得，这些“不肖子孙”，单靠对虐俘的几声谴责和审判几个士兵，如何能洗掉溅在我身上的污点。他们如果真的爱我，就应该好好反思，从根本上改变政策。否则，我带着身上的污点，今后如何面对这个世界？

（原载《环球》杂志，2004年5月）

黑暗岂能驱走黑暗

美国有些反战民众别出心裁，最近组织“和声合唱队”走上街头，反对美国对伊拉克发动战争。他们只有平和的朗诵，没有激烈的呼喊；只有动人的和声合唱，没有抗议的噪音。他们强调，噪音不能产生和声，只会使噪音更噪。只有和声才会引起共鸣，使噪音远离和消散。

这使我不禁想起美国著名黑人领袖马丁·路德·金的一句名言：黑暗不能驱走黑暗，只有光明才能做到。仇恨不能驱走仇恨，只有爱心才能做到。

美国反战民众的和声合唱和马丁·路德·金的名言，表达方式有所不同，但哲理是一样的。那就是，战争只能制造更多战争，用国家恐怖主义对付恐怖主义是不合适的，行不通的，不得人心。

美国发动反恐战争已快一年半了。凭美国在军事和各方面的巨大优势，加之广泛的国际合作，应该是节节胜利。可是，现在看来，不仅恐怖主义远没有被消灭，反而有蔓延之势，美国国内防恐怖主义威胁的警戒级别最近又升了一级，而且反恐反出了一片反美情绪。近日来，全世界600多个城市爆发了比越战时期规模更大的反战示威，参加人数1600多万。他们指责美国发动对伊拉克的战争将是一场“血腥的战争”，谴责美国、英国和以色列是真正的“邪恶轴心”。英国首相布莱尔被讽刺为“美国的国务卿”。澳大利亚参议院102年来第一次通过对现任总理的不信任案。美国国内大批律师和诺贝尔奖获得者也发表声明，反对对伊开战。一时间，美国成了众矢之的。这一切并不表明，这些人喜欢萨达姆（实际上他们很多人都不喜欢萨达姆，甚至很讨厌他），但他们深信，“战争只能制造更多战争”，不能因为不喜欢一个人或一个政权，就可以兴师问罪，大动干戈，伤害千百万无辜。

恐怖主义是人类的公害，全世界人民都反对。美国发动反恐战争，理应得到广大民众的同情和支持。可是为什么却适得其反，如此招人恨？

根子还得从美国自己身上找。美国任何真正意义上的反恐，都会得到国际上的广泛合作和支持。但它，正像北京外交界有些人士说的，有点“心术不正”。它不仅在反恐问题上采取双重标准（如对伊拉克一个样，对以色列又另一个样），不着力寻找恐怖主义产生的根源，标本兼治，利用反恐进行美国历史上新一轮的扩张，而且傲慢自大，咄咄逼人，以恐制恐。马来西亚总理马哈蒂尔不久前就曾在世界经济论坛上强调指出，如果一个国家随便对其称为支持恐怖主义分子活动的国家采取军事行动，就是一种“以恐怖主义对付恐怖主义”的行为，是行不通的，只会加深相互之间的仇恨心理和报复行为。印度总统卡拉姆在一次庆祝会上也强调，战争不是根除恐怖主义的办法，反对对伊拉克采取军事行动。美国媒体的一位编辑也在一次大会上尖锐地指出，“痛苦和无助是恐怖主义招兵买马的基石”。他问广大听众，如果演说结束后，美国能囚禁或消灭基地组织的每一个恐怖分子，那么，会有多少人认为，恐怖主义威胁将会结束。结果没有一个人举手。

我这里还有一个西班牙媒体传说的故事，发人深思：

盲人古诺手提灯笼走在夜晚漆黑的街道上，他的朋友感到很奇怪，问他说："你的眼睛又看不见东西，为什么提着灯笼走路呀？"盲人回答说："我提着灯笼不是为了给自己照路，我知道这里的夜路很黑，我打着灯笼是为了让其他人能看到他们要走的路。光明对我而言是很重要，但是将光明带给别人同样重要。"

为他人在黑夜里照亮道路并不是一件容易的事。有些人不但没有为他人带来光明，反而用自私、无情和仇恨使别人的路变得更加黑暗。如果所有的人都能为他人带来光明，那该多好！

从这个故事，我幻想着，美国有些人不是喜欢夸耀美国是"仁慈的霸权主义"或"善良的霸权主义"吗，如果美国当政者能认真听听这个故事，今后多一些"仁慈"和"善良"，多一些"王道"，少一些"霸道"，在反恐问题上，以光明驱走黑暗，那该多好！

（2003年）

美国“先发制人”战略

——是“福音”还是“祸根”

最近，围绕布什总统关于“先发制人”和“预防性进攻”的言论，以及这一言论可能于今秋作为一种“新主义”和“战略”写进“美国国家安全战略报告”，各国媒体发表了大量评论。总的情况是，附和者寡，反对者众。其中，欧洲一家媒体的一篇短评特别发人深思。作者说，克林顿总统希望全世界都爱美国，他失败了。布什总统希望全世界都尊重美国，甚至怕美国。他会成功吗？作者没有回答，似乎有意留给读者玩味，让实践来检验。

苏联解体后，克林顿总统确实获得了一个让“全世界都爱美国”的历史性机遇。他本可以顺应时代潮流，满足冷战后世界人民对和平与发展的强烈愿望，让全世界都感到美国很值得人爱。可惜，克林顿总统一心想的是要实现“美国强权统治下的世界和平”。他强调，要使世界免遭过去的灾难，这个世界只能有一个领导，而“美国最具有领导这个世界的能力”，绝不允许出现向美国“领导地位”提出挑战的国家或国家集团。为此，克林顿执政八年，既要当世界警察，又要当世界法官——政治上提出人权高于主权，推行“新干涉主义”；经济上鼓吹绝对自由主义市场经济，推行全球经济“美国化”；军事上东扩西进，咄咄逼人。

这样的美国，正像一位幽默的拉美外交官所说，这个姑娘虽美，且腰缠万贯，但如此骄横跋扈，“叫人如何能爱她”。甚至连冷战时期发明遏制政策的美国外交元老乔治·凯南也告诫克林顿政府，“单靠军事力量，即使优势再大，也只能取得短期的成功”；“不论是美元还是刺刀，都不能保证（帝国梦想）成功”，“这个星球绝不会接受由任何一个单独的政治中心来统治”。

“9·11”事件后，布什总统也获得一个可以“让全世界都尊重美国”的历史性机遇。整个世界几乎都同情和支持美国反对和打击恐怖主义，尊重布什总统的坚决果敢行动。但布什政府为了保护本国的“绝对安全”和推行霸权主义，连续提出“邪恶轴心”国家、“邪恶轴心外围”国家，以及可以首先进行核打击的对象国家等一系列扩大反恐战争的方针政策，单边主义行为也随之水涨船高，一发不可收拾。现在，他又提出“先发制人”和“预防性进攻”战略，气势汹汹，霸气十足，使全世界都感到不安。其结果真有点像美国自己的一家报纸近日所说，“9·11”事件十个月后，“（世界）对恐怖袭击受害者的同情依然存在，但美国的形象却变得越来越丑陋，国外对美国的支持也直线下降”，“事态很快将发展成美国同世界对立”。

美国在阿富汗发动反恐战争已十个月，至今本·拉登仍活不见人，死未见尸，“基地”组织和塔利班还残存数万人之多，其中不乏死硬分子，一有机会仍会兴风作浪。在此情况下，美国如果对某些国家发动得不到国际合作和支持的“先发制人”的进攻，无异于自己贸然打开“潘多拉盒子”，后果不堪设想，甚至要面临众叛亲离和到处皆“敌”的局面。美国虽强大无比，它十个指头如何能按住十个跳蚤？

这一切对美国难道是“福音”吗？显然不是。美国国内现已草木皆“恐”，虚惊不断，今后可能更加不得安宁，甚至可能

"出现意想不到的灾难性后果"。"先发制人"战略如果打击的是真正的恐怖主义，而且证据确凿，人们自然都会支持。问题是布什总统及其主要阁僚已把事情说得很清楚，他们"先发制人"的对象是"恐怖主义"和"暴君"，是可能被恐怖主义利用的"弱小国家"，以及"进行大规模毁灭性武器转让"的国家。这些所谓"暴君"和"弱小国家"等等，并不是国际公认或经过多边协商确定的，而是按照美国的好恶标准以单边主义方式确定的，随意性和冒险性极大。这对世界来说，显然也不是什么"福音"。相反，这可能使得整个世界更不太平，更没有安全感，从而成为世界动乱的根源。在这种情况下，叫人如何能尊重美国？

美国社会不乏乔治·凯南那样的识时务者，美国当政者如能认真听取他们的意见，并认真思考和对待，那将是美国人民的福音，在一定意义上，也将是世界的福音——至少是一个动听的旋律。

（原载《解放军报》，2002年8月。
本文荣获2002年中国国际新闻奖言论类一等奖）

“醉翁”和他的两把尺子

美国原以为一旦军事占领伊拉克，其他问题便可迎刃而解。未想到鲸吞容易消化难，陷于被动挨打局面。布什总统的支持率由“9·11”事件时的89%路下降到50%左右，民众对他的外交认可率只有44%。为了稳住阵脚，争取连任，布什总统在相当无奈的情况下，选择美国民主基金会发表演说，打出一张积极推动全球民主化事业是美国“历史使命”的王牌。他强调，对伊拉克的战争，是美国“推进新一轮全球民主化进程的开始”，是“抚育民主所必须采取的步骤”，可能像冷战时期对付苏联一样，需要花几十年的时间，而且要为之“甘愿做出牺牲”。

布什这张牌出手后，在国际上引起广泛议论和质疑。美国马里兰大学教授、中东问题专家希伯莱·德雷哈米指出，布什强调阿拉伯世界妇女的政治权利，可他对没有投票权的科威特却进行了赞扬，而对早有投票权的伊朗和叙利亚却倍加指责，因为后者反对美国的中东政策、特别是美国在巴以冲突问题上的立场。这说明什么？这说明，重要的“不是谁更加民主”，而是“谁是美国的朋友，谁是美国的敌人”。

阿拉伯一位外交官说得更有意思：“你对他（布什）赞扬得越多，那你的民主也就越多”。

其实，美国这种“醉翁之意不在酒”和双重标准的政策行为比比皆是，历史上也早已有之。当年在一次记者招待会上，有人问富兰克林·罗斯福总统，为什么美国不仅不反对而且支持拉丁美洲某个国家杀人如麻的独裁者，罗斯福就直言不讳地回答说，那个独裁者“也许是个狗娘养的，但他是我们（美国）的狗娘养的”。去年4月，委内瑞拉发生未遂政变。美洲国家组织在华盛顿召开紧急会议，所有成员都执行《美洲国家宪章》，强烈谴责，唯独美国反对。美国一些主流媒体对此进行了深刻的揭露和批判。《纽约时报》指出，“政变”什么时候可以不被称为“政变”呢？如果美国认为这不是一场“政变”，那就不是，那就是“政府更迭”。在拉美，美国一直倾向于让对美国友好的面孔出现在总统府里，不论这些面孔穿不穿军装，只要他们对美国忠实可靠就行。

可见，在美国一些人的心目中，“民主”不过是一张大旗，它的颜色是可以随着美国利益和政策而变的。“醉翁”，当然也不是要痛饮“民主”之酒。君不见他手里握有两把尺子呢！

（2003年）

金童、玉女和时隐时现的影子

乌克兰政局最近发生重大变化，素有“帅哥”美称的尤先科总统忽然以“缺乏团队精神”等理由，解散了“美女总理”季莫申科的政府。乌克兰历来是兵家必争之地。美国有人认为，俄罗斯如失去乌克兰，就不成其为真正的世界大国；俄罗斯也有人认为，美国如控制了乌克兰，就等于把战略边界推到了俄罗斯的大门口。去年乌克兰爆发的“橙色革命”，背后始终晃动着美俄两国的影子。

乌克兰政局最近的变动，诱因当然是多方面的。

去年尤先科—季莫申科“橙色联盟”在美国的支持和推动下，通过“街头革命”取得政权后，“玫瑰花”似乎在乌克兰种下去了。可惜一年来长得不好，更没有绽放。通货膨胀高达15%以上，国民生产总值严重下降，贪污腐败盛行，内部争权夺利和钩心斗角，比过去有过之而无不及。老百姓认为新政权比过去好的已下降到37%。这是当前乌克兰政局变动的主要背景，也是内因。

有人说，这次政局变动是季莫申科的“苦肉计”。她眼看形势不妙，着眼于明年3月大选和总统宝座，有意挑起争端，把

“烂摊子”留给尤先科。也有人说，这是尤先科总统担心季莫申科坐大，“先发制人”。说得都有一些道理。但尤先科和季莫申科这两个“金童玉女”并不是简单的“个人”，他们都是一些政治和经济势力的代表人物。他们之间的矛盾和斗争，不可能脱离内政外交的政策取向。在我们注意“内因”这一基本背景的同时，也不能忽视“外因”的影响，不能不看到那背后时隐时现的两个影子。

对乌克兰这次政局变动，美国采取“低调”应对，说尤先科解散季莫申科内阁是乌克兰“建立民主政治进程的一部分”。态度似乎不偏不倚。但美国一些有影响的报纸却道出了美国的心态，说乌克兰的“橙色”开始“失去了光彩”，美国在这一地区推行的“天鹅绒革命”受到挫折，担心美国一手帮助种下的玫瑰不能在乌克兰绽放。

俄罗斯反应迅速。普京总统当天就同尤先科通了电话，还表示俄罗斯“将尽一切力量帮助乌克兰稳定局势”；同时指责西方去年推动乌克兰“橙色革命”是一个错误。更意味深长的是，俄罗斯检察院接着公开声称，俄罗斯并没有中止对季莫申科过去向俄国防部官员行贿的“刑事调查”和“国际通缉”。

从以上情况不难看出美俄双方对乌克兰局势的关心程度和意向。尤先科总统在解散季莫申科内阁后，很快任命主张同俄罗斯改善关系的叶哈努罗夫为代总理，季莫申科也向某些原来亲俄罗斯的势力抛出橄榄枝，其中缘由可想而知，那两个影子也隐约可见。

（2005年）

赖斯女士差矣

美国总统国家安全顾问赖斯不久前在英国发表了一次重要演说。她侧重批评有些人“以赞赏、甚至怀旧的语气谈论‘多极世界’，好像这是什么好事情”。她认为，这比说美国和欧洲被不同的世界观所分裂“更糟”。她说，“我们以前尝试过创建‘多极世界’，但它却导致了第一次世界大战”，“把这个世界折磨得痛苦不堪”。她强调，多极世界是一种“竞争理论”，它“带来竞争利益，但它并不能促进和平”。她奉劝人们、特别是欧洲国家“放弃对众多新‘极’的追求”，团结在自由、和平与正义“一极”的周围。

美国图谋单极主宰世界、不允许任何国家或国家集团挑战它的绝对权威，早已见诸行动。现在赖斯从理念上进行阐述，显然具有重要意义，而且是有的放矢。但正如北京外交界一些人所说：赖斯女士差矣！她太一厢情愿了。

世界多极化及其发展趋势，并不是任何人或国家主观臆造的，它是不以人们意志为转移的客观现实。它既是资本主义政治、经济发展不平衡的一种反映，也是发展中国家崛起的一种反映，是不可阻挡的时代潮流。

在不同的历史时期，多极化表现形式和认知概念有所不同。

往往一个或一些国家由盛到衰，另一个或一些国家勃然兴起，形成不同的力量中心。在一般情况下，后者必然要向前者挑战，要求重新划分势力范围，争夺霸主地位，从而导致战争。古罗马帝国以来，这种现象也屡见不鲜。第一次和第二次世界大战这种现象表现得更加突出。从这个意义上讲，赖斯女士说多极化“导致了第一次世界大战”，不无道理。

问题是时代不同了。当今世界多极化及其发展趋势，虽仍有资本主义政治、经济发展不平衡的因素和影响，但它同时也是发展中国家崛起的反映和结果。这同资本主义发展不平衡时期诸强争夺势力范围（争霸）有着本质的不同。发展中国家崛起对发达国家来说，特别是对于唯一超级大国来说，当然也是一种挑战，但它们要求的无非是平等地位和伙伴关系，是对它们国家独立和主权的尊重，是和平的环境。它们无意寻求同美国对抗，更谈不上与之争霸。中国目前外交上处理同发达国家关系、特别是同美国关系的一系列举措就是很好的明证。韩国去年大选出现的“卢武铉现象”，以及东盟、印度、埃及和巴西等正在兴起的地区组织和大国，它们可能单独或集体形成某种“极”，或者某种力量中心，它们在国际重大问题上，尤其是国际安全领域，可能以各种不同方式，对美国的单边和霸道行为说“不”，但这绝不是什么可能导致战争的原因或因素，恰恰相反，这正是制约和牵制随意发动战争的力量。这些力量现阶段还形成不了合力，还不足以制止超级大国随意发动战争，但却代表了人类美好的希望，而且在不断发展壮大，有朝一日发挥决定性作用是任何人也阻挡不了的。可惜，赖斯女士和她的同僚们似乎没有看清这一点，他们目前似乎正陶醉在新的帝国梦中。

至于赖斯女士要求的围绕“自由、和平与正义之极”的“强国合作”，那不过是美国“多边参与的单边主义”的另一种说法，不仅发展中国家不能接受，很多发达国家也难以苟同。美国外交元老乔治·凯南说得好，“这个星球绝不会由任何一个单独政治中心来统治，不论其军事力量有多大”，“不论美元还是刺刀都不能保证成功”。这话虽是他在95岁高龄时对克林顿政府说的，现在对赖斯女士及其同僚似乎也有指点迷津的作用。美国方面如果对“强国合作”真有诚意，联合国安理会是最好不过的场所。“强国合作”既不能是美国指挥下的大国交响乐队，也不应是大国主宰世界的国际托拉斯，它应该是建立在《联合国宪章》基础上的、真正有利于世界和平与发展的真心诚意的合作。可是，美国能做到吗？难，确实很难。然而善良的人们还是希望着。

（2003年）

美国何不痛饮这杯“苦酒”

巴勒斯坦伊斯兰抵抗运动（哈马斯）在巴立法委员会选举获胜后，美国处境尴尬，反应强烈，虽也有所克制，但强硬的主旋律十分清楚：依然认定哈马斯是个“恐怖主义组织”，要求它解除武装和承认以色列，威胁要断绝经济援助。

哈马斯很快便拒绝了美国方面的要求，强调哈马斯的武装抵抗是面对以色列侵略的“合法自卫”。

美国前总统卡特最近则表示，哈马斯应该得到国际社会的认可，美国政府不应取消对巴勒斯坦的援助，应该给哈马斯一个放下武器的“机会”。

俄罗斯总统普京则呼吁哈马斯放弃极端声明，承认以色列的生存权。但强调俄罗斯“从来没有认为哈马斯是恐怖组织”，哈马斯选举获胜“是对美国中东外交的沉重打击”。他主张有关方面应当坐下来认真听取对方意见，并做出为各方都能接受的决定；希望哈马斯有所举措，让巴勒斯坦人民感觉到其执政所带来的积极成果。

卡特和普京实际上都是在同布什唱反调。他们是明白人，现实主义者，认为布什目前的应对措施“行不通”。

巴勒斯坦这次选举是美国“大中东民主计划进程”的一部分。甜酒也罢，苦酒也罢，都是美国亲手酿制的。哈马斯这次竞选，可谓“胜得干净”，“赢得透明”，即使完全按照美国“民主选举”的价值观来衡量，也无可非议，连阿巴斯主席也承认，这是“巴勒斯坦民众的选择”。

哈马斯获胜后，已表示了“三愿”：愿与巴民族权力机构主席阿巴斯进行政治合作，愿与以色列延长停火，愿与美国对话。它并没有任何新的过激言论和行为，执政的大政方针尚在酝酿之中，实际上留下了难得的回旋余地和转机。美国如果真正主持公道，关心民主，何不痛饮这杯自酿的“苦酒”，表现一点当代超级大国的风度，尊重巴勒斯坦民意，支持哈马斯组阁，给它一个“向前看”和“合作”的机会；同时劝它面对现实，放弃过激行为，力促巴以和解，制约以色列方面的某些言行。千万不要再搞双重标准，允许以方继续宣扬不排除对哈马斯领导人的暗杀行动，“在任何情况下”都不愿同哈马斯对话。这只能是火上浇油，把新的“转机”变成更大的“危机”。这是国际社会不愿看到的，也不符合美国的根本利益。

（2006年）

美日同盟何处觅知音

日本首相小泉即将访问美国。他本人深盼此访能为自己的首相生涯画一个“完美的句号”，为日本的大国地位树一个里程碑。日本右翼媒体配合默契，连日来不断宣传日美关系的“世界意义”，以及小泉同布什的私人关系超乎一般。

冷战结束15年来，美日军事同盟已发生两次引人注目的变化。1996年，克林顿总统与日本首相桥本龙太郎发表联合宣言，把两国“防卫合作”范围扩大到“周边地区”，并明确针对可能发生的“周边事态”（包括周边国家发生的内战和政变等引起的“事态”），使美日冷战时期的防卫合作，转变为具有进攻性和主动干预的效能。

2005年，美日2＋2华盛顿会议进一步强化两国军事同盟，包括加速军事一体化，提高联合作战能力；大幅提升日本作为美国亚洲战略第一线的军事作用；把台湾海峡和朝鲜半岛作为美日“共同战略目标”。

小泉首相这次访美，日本右翼媒体预期，将进一步把两国关系明确定位成“世界中的日美同盟”，强调日本在未来世界的重要性，突出“民主”、“自由”和“人权”等两国共同的价值观，甚至“包含牵制军力增强的中国、朝鲜和伊朗”。

对美日军事同盟的不断加强，美日右翼媒体津津乐道，在它们看来，这既迎合了美国的战略需要，也符合日本新保守主义蓄谋已久的愿望。

美日进一步加强军事同盟，显然是逆大势而动，令人担忧。但当前亚太地区政治形势的主旋律是普遍渴望“和谐共处”，美国昔日盟友，如韩国和澳大利亚，离心倾向日渐显露；新盟友更是难寻，印度有传统的不结盟政策，为了自身的民族复兴，目前正周旋于大国之间，不可能“顺着美日同盟走”，东盟更不用说了。在这种情况下，“美日军事同盟”何处觅知音？

（2006年6月）

“奥巴马主义”有待新的洗礼

美国媒体似乎有个习惯，喜欢对他们新总统上任100天从各方面进行一番评论，而且给他戴上一顶“主义”的桂冠。奥巴马上台还不到100天，所谓“奥巴马主义”即已不断出现。有人称赞奥巴马谦虚谨慎、大度、而且有“无畏的勇气”，有望成为美国的“罗斯福第二”；有人指责他软弱、绥靖、向敌人“低下了美国高贵的头”，给美国带来了耻辱；有人甚至攻击他“迎合敌人”，担心他会成为“美国的戈尔巴乔夫”，有朝一日可能“葬送美利坚帝国”，等等。内容可谓丰富多彩，纷繁复杂，几乎让人眼花缭乱。但总体来说，誉之者众，毁之者寡，观望质疑的也大有人在。

那么，究竟什么是“奥巴马主义”？它同“布什主义”有何不同？它的成因和发展意味着什么？这是目前人们普遍关心的问题。

任何一种“主义”的产生，既有个人的特性和印记，更有时代的背景和特征。“布什主义”的出现，正当苏联解体以后，美国一超独霸、春风得意之时。老布什和克林顿在海湾和巴尔干先后打了两大胜仗，向全世界显示了美国无与伦比的军事威力。布什当政后，企图趁势一统天下，实现“美国统治下的世界和平”。没想到，忽然发生了“9·11”恐怖袭击事件。这客观上给了美国当头一棒。美国当然受不了，具有牛仔作风的布什，显然也吞不下这颗苦果。以“单边主义”和“先发制人”为主要标记的“布什主义”正是在这种情况下产生的。布什没想到的是，国际形势正在发生深刻的演变：一方面是美国自己在走下坡路，另一方面是发展中国家在大面积兴起，国际力量对比出现了历史性变化。布什总统没有看到这一点，但美国选民看到了。

奥巴马在很大程度上适应了美国选民的期盼以及国际形势发展的需要。现在美国媒体津津乐道的“奥巴马主义”，最大的特点是，奥巴马和他的团队承认，如今世道变了，国际上任何重大问题，无论是安全方面的还是经济方面的，美国都无法单独解决。美国既要依靠盟友，又要依靠新兴力量。这实际上等于认同了一年前法国总统萨科齐所说的，冷战结束后一度形成的“单极世界”局面已经结束，世界将进入“相对大国”时代；现在需要考虑的是，如何建立“更符合实际的21世纪国际新秩序”和“负责任的伙伴关系”。

正是在这一理念的指导下，奥巴马上台不到100天，外交上同布什的“牛仔外交”已经泾渭分明。最明显的表现，一是力争实现美国主导的多边合作；二是寻求新的合作伙伴，并将其重要性提高到接近盟国的水平；三是开创与“对手”甚至“敌手”对话的先河，显示巧实力；四是放下身段，避免指手画脚。奥巴马本人及其团队主张G7应向G20转化，强调“中美关系是世界上最重要的双边关系”，重启美俄战略合作关系，宣称要致力于建立没有核武器世界，以及愿意直接参加伊朗核问题多边会谈，向沙特国王行“模糊鞠躬”礼，松动对古巴的制裁，同查韦斯总统握手，等等，无不与这四个方面的政策有关。这一切都让人耳目一新，也给国际形势的缓和带来了新的希望。

但“奥巴马主义”现在还不能说已经形成。它还要经受时间和实践的检验，以及各方面的冲击和洗礼。

首先，奥巴马能否真正突破美国所谓的“战略核心利益”，放弃“霸权永续”的图谋，在国际交往中，做一个很重要但是平等的伙伴，现在还无法认定。从奥巴马关于要“重塑美国领导地位”的一些讲话看来，难！

其二，奥巴马能否认真克服“摇摆性”。奥巴马2004年在州内竞选议员时曾说，美国对古巴政策已经失败，应该结束对古制裁。可是去年竞选总统时，他又说，如果他当选，他将坚持对古制裁政策不变。最近，他在美洲国家峰会期间又重提对古政策失败事，受到拉美国家普遍欢迎，但国内新保守主义理想家们讽刺他“哗众取宠”，“有失美国尊严”，搞“投降外交”。他今后会不会再摇摆，难说。

说“难”，并非是说“不可能”，或者“没希望”。历史上任何“主义”的诞生，特别是以“变革”为宗旨的“主义”，势必要引起一场大辩论和争斗，甚至经过血与火的洗礼。关键在于奥巴马新思维所谓的“变革”，究竟“是风格还是本质”？这是现时人们广泛质疑的问题。如系前者，好戏似乎还在后头，国际形势将更加错综复杂；如系后者，美国国内将发生历史性变化，国际形势也将随之进一步深刻演变。

（2009年4月27日）

美俄“修好”路在何方

美国总统奥巴马将于7月6日至8日访问俄罗斯。这是奥巴马外交新政一次新的实践和检验，也是美俄关系改善与修好的良机。双方领导人都对这次访问寄予一定的希望。由于美俄都是重量级大国，它们关系的好坏牵动着国际形势和格局的演变，以及重大国际安全和热点问题能否妥善处理，国际舆论对这次访问也普遍关注，希望两国领导人能顾全大局，谈出一个有利于和平与发展、有利于“合作共赢”的结果来。

奥巴马上台以来，美国首先表示要“重启”美俄关系，抛出“橄榄枝”，释放善意。奥巴马强调，在处理核扩散、阿富汗和巴基斯坦局势、伊拉克以及中东地区冲突、国际金融危机等诸多问题上，美国“拥有一个极好的机会”来“重启”同俄罗斯的关系。俄罗斯也“报之以李”。梅德韦杰夫总统表示，他与奥巴马“在许多问题上看法一致”，希望在莫斯科举行的俄美峰会取得丰富成果。

这显然是两国改善关系的好兆头。如果说布什执政八年，美俄关系是“有选择的对抗”和“有选择的合作”，两国关系是“情未了，怨难消”，那么现在双方寻求的应该是“消怨”与“修好”，说得浪漫一点，是展现某种程度的“两情相悦”。问题是路在何方？“重启”的“原起点”在哪里？是苏联解体后基本上“顺着美国走”的俄罗斯，还是普京总统时期要求“平等伙伴关系”和主张“主权民主”的俄罗斯。

当然，俄罗斯也需要美国的合作，并不希望把俄美关系搞得太僵。但多年来的实践表明，正在迅速恢复重量级大国地位的俄罗斯有着自己的战略利益，不可能再充当美国的小伙伴。这次访问能否真正成功，关键在于双方在战略目标的追求方面能做多大程度的妥协，而矛盾的主要方面是美国。

首先，美国是否能把俄罗斯看作“平等的合作伙伴”而不是“战略挑战对手”。克林顿当年曾夸下海口，说“美国最有资格领导这个世界”。现在国际形势正在发生历史性的演变，小布什把美国折腾得够呛。但奥巴马仍然宣示他要“重塑美国（在世界）的领导地位”。因此，不管说得多么娓娓动听，但做起来难啊。一定程度的“修好”似乎是大势所趋，但“两情相悦”（从根本上“修好”）实际上可望而不可即。

第二，美国能否尊重俄罗斯的社会体制和发展道路的选择。小布什和普京执政初期，应该说美俄关系还是比较好的，后来急剧恶化，并非始于格鲁吉亚战争，而是始于“美式价值观冲动”。2006年1月，布什在国情咨文中第一次把俄罗斯列入处于“战略十字路口”的国家。同年5月，美国副总统切尼又攻击俄罗斯“民主大倒退”，国务卿赖斯公开对所谓俄罗斯“中央集权”表示不安，希望俄人民“发表自己的意见”，“必要时采取行动更迭政府”。美国新保守主义理想家们更是纷纷指责俄罗斯外交带有新的“帝国冲动”，威胁要把俄逐出八国集团；说俄罗斯内外政策的走向“有损美国的全球利益”，已“日益成为美国的绊脚石”；主张对俄不仅要“有选择地合作”，还要“有选择地对抗”。后来俄罗斯提出“主权民主”，普京在慕尼黑全面批判美国“单边主义”政策行为，就是对这一系列露骨干涉俄罗斯内政的回敬。格鲁吉亚战争只不过使两国关系雪上加霜罢了。美俄现在互有需要，但美国更加需要俄罗斯的合作。估计奥巴马访俄期间可能会尽量淡化和回避这方面的问题。但这仍然是一片漂浮在两国关系上空的阴云。

第三，双方是否能尊重和关照对方的核心利益。美俄各有自己的战略利益和不允许逾越的相关“红线”。在这方面，有两大问题最具现实意义，可能是双方会谈的重点：一是北约东扩问题；二是削减战略武器条约和反导系统问题。

美国违背当年的诺言，冷战后几度推动北约东扩，已经越过俄罗斯的“黄线”，逼到了俄罗斯的大门口。如果继续东扩，吸纳乌克兰和格鲁吉亚，俄罗斯绝不会容忍，双方的合作根本无从谈起。从欧盟主要国家的态度以及奥巴马不同于布什的执政理念看，双方可能暂时取得某种谅解或达成某种默契，实际上把格乌“入约”问题继续拖下去。

美俄《削减和限制进攻性战略武器条约》今年12月到期。现在双方对签订新的条约都比较积极，据说俄罗斯对美国的表现“感到鼓舞”。美俄“重启”两国关系可能以此为切入点。双方各自为了“减负”和研发更先进的武器，也为了取得“裁军表率作用的制高点”，看来很有可能达成原则协议，推动新条约的签订。但俄罗斯一定会把这一问题同美国图谋在东欧部署反导系统联系起来。估计美国可能会以某种形式做出一些让步，以争取俄罗斯更多合作。

总之，这次奥巴马访俄既是务实的，又是制造友好合作氛围的。奥巴马能否将美俄关系由“对抗多于合作”转向“合作多于对抗”，要看他能用多大力度推行他的外交新政。当然，也要看俄罗斯能做多少相应的让步。

（2009年7月3日）

奥巴马“赞梅批普”意欲何为

——奥巴马自己是否“脚踏两条船”

美国总统奥巴马在访问俄罗斯前夕于7月2日接受了美国媒体的采访，声称他同俄罗斯总统梅德韦杰夫发展了“非常友好的关系”。但他强调：“我认为重要的是，即使我们已经和梅德韦杰夫总统开始共同努力，但普京也应该了解，以旧的冷战思维处理美俄关系已经过时，现在是向新的方向发展的时候了。”他还特意指出，梅德韦杰夫明白这一点，但普京则需要被说服，需要有人告诉他美国希望与俄罗斯合作，而不是建立“一种敌对关系”。

在奥巴马看来，普京总理“一只脚仍走在老路上，另一只则走的是新路”，“有时因循守旧”，需要有人“开导”和“教诲”。

奥巴马以上讲话在国际上引起普遍关注。

其一，奥巴马此时此刻对俄罗斯主要领导人梅普二人区别对待，有褒有贬，大有“挑拨离间”的嫌疑。有学者认为，这是美国对一些国家惯用的伎俩，现在奥巴马似乎也在学着使用了，可千万不要“聪明反被聪明误”。

其二，奥巴马上台以来，谨言慎行，颇有些“谦恭总统”的美名。现在忽然摆出要做“先生”的架势，而且选择在访俄前夕，普京总理心里会是什么滋味？奥巴马可能以为普京会有“冷战思维的冲动”，但普京总理的发言人仅仅指出奥巴马的讲话“不正确”，说他从未与普京进行过交谈，“并不真正了解普京”；两人见面后，奥巴马的看法“会发生改变”。普京自己随后也在国家电视台面带微笑地否认奥巴马关于他的“两脚论”，说：“我们两只脚都站得很稳，而且向来都往前看，这就是俄罗斯的特性。这样的特性让我们永远向前和不断强大，我们会一直这样做。”并没有采取针尖对麦芒的态度。

其三，究竟谁在用“冷战思维”处理美俄关系？普京当年确实严厉批评过布什的单边主义政策和行为，“以攻为守”，防止美国继续挤压俄罗斯战略空间。但对奥巴马他还是有所期待的。他曾明确肯定，奥巴马在美俄关系方面发出了一些“正面信号”。就在奥巴马发表关于他的“两脚论”后，他仍然表示对奥巴马政府寄予希望。只不过他提醒人们注意，对奥巴马总统切勿“期待过高”，说那是不切实际的，“高度期待会导致最大失望”。这似乎与“冷战思维”并不搭界。

至于奥巴马自己有没有“冷战思维”或者什么“重塑美国领导世界地位”的思维，那就要看他这次访问俄罗斯的表现，以及他在按美俄关系“重启键”的时候，把“原起点”放在哪里了——是戈尔巴乔夫时期，叶利钦时期，还是普京时期。这将很说明问题。

（2009年7月6日）

美俄都有自己的“红线”

俄罗斯《消息报》7月21日援引俄空军一名高级官员的话报道，俄军正在考虑定期派战略轰炸机飞往古巴，回应美国在东欧部署导弹防御系统的计划。另据报道，俄空军前总司令彼得·杰伊涅金上将告诉俄新社记者说，俄罗斯考虑战略轰炸机飞古巴的计划将是对北大西洋公约组织在俄周边国家建立反导基地的“良好回应”，“我看不到这事有什么问题，他们（指美国和北约）在我们的边境附近部署空军基地、电子监测站时，没人倾听我们的反对呼声”。

这一消息传出后，在国际上引起广泛注意。尽管俄罗斯国防部立即辟谣否认，说这条新闻的作者用的是一个不存在的假名字，文章中援引的“消息源”所在的组织也是一个并不存在的机构，俄战略轰炸机未在古巴和拉丁美洲其他国家机场进行任何着陆，美国反应仍然相当激烈。美国空军参谋长提名人选、空军上将诺顿·施瓦茨2 2日警告说，俄罗斯如果在古巴部署可携带核弹头的战略轰炸机，则跨越了“美国的一道红线”。

其实，俄罗斯也有自己的“红线”。冷战结束后，美国和北约不断东扩，一再越过俄罗斯的“黄线”，从几个方面向俄罗斯“红线”逼近。正因为如此，俄罗斯对美国要在波兰和捷克部署导弹系统反应十分强烈。也正因为如此，俄罗斯对乌克兰和格鲁主义道路，性质就变了，同美国形成了两霸争夺的局面。如果说和平共处五项原则开始是冲着美国和西方国家来的，不结盟运动则是冲着美苏争霸来的。

70年代末，中国开始拨乱反正和改革开放进程，这是20世纪后半叶一大历史性现象。苏联90年代初解体，是20世纪后半叶的另一大历史性现象。

（1）中国改革开放三十年来的巨大成就表明，社会主义并没有像西方某些人希望的那样“寿终正寝”，中国也没有像他们希望的那样“崩溃”。相反，中国挺过来了，站起来了，开始了伟大的民族复兴。今天的中国综合国力已大大提高，“中国因素”和“发展战略”牵动着国际关系和形势发展的方方面面。这是全世界公认的事实。

（2）苏联解体也影响着国际形势的方方面面。有人认为，苏联解体是社会主义的一大悲剧。我倒不以为然。苏联的实践和解体至少表明了以下几点：首先，搞霸权主义不会有什么好下场；第二，“顺着美国走”也没有出路；第三，改革和发展模式是不能照抄的；第四，对中国来说，一个即使完全蜕变为资本主义的苏联，也比搞霸权主义的苏联对中国威胁少；一个强大而追求和平与发展的俄罗斯将是中国理想的战略合作伙伴，这对国际形势的发展和演变是具有积极意义的。

三、冷战后世界为什么仍然很不太平

1. 霸权主义和冷战思维作祟

冷战结束了，但霸权主义犹存，而且是“两霸”变成“一霸”了，“新霸权主义”比起“两霸争夺时期的霸权主义”来，有过之而无不及。它仍然以意识形态划线，以社会制度划线，以他们所谓的“普世价值观”划线；它不允许任何国家或国际集团挑战它的权威，它要实现“美国统治下的世界和平”。

2. 美国三大错误战略部署

霸权主义和错误的战略思想，必然导致错误的战略部署和安排，从而引发新的矛盾和斗争，成为世界新的动乱根源。

冷战结束后不久，美国至少犯了三个重大战略性错误。

（1）利用“经济全球化”大力推行“全球经济一体化”。

这两者并不是同一个概念。前者是一种社会发展趋势。一般说来，指的是，由于高科技、特别是信息技术的发展，世界变小了，正在成为网络社会和地球村；人与人之间、国与国之间的距离大大缩短了，相互联系更紧，相互依存也更深了，出现了“你中有我，我中有你”的局面。但美国偷换概念，强调“全球经济一体化”（即“美国模式”化）是不可避免的历史必然，迫不及待地在全球推行以它为主导的贸易和投资自由化，鼓吹金融自由化，以谋求美国资本在国际上的优势地位。为了达到这一目的，《美国国家安全战略》把它的安全责任界定为：在全球范围内确保解决涉及跨国资本利益的最重要的问题，其中包括自由使用他国资源，自由进入他国市场，消除阻止美国资本流动和再生产的一切障碍。1991年美国炮制的“华盛顿共识”就是这一战略的代表作。这实际上无异于要求世界各国在经济领域全面开放，成为“不设防”的国家和地区，任凭美国和国际炒家冲击和宰割。1997年东亚金融危机的爆发，在一定意义上，正是美国这一“安全战略”造成的恶果。拉美国家也因奉行“华盛顿共识”而被害苦了。种瓜得瓜，种豆得豆。2008年美国自身爆发的金融危机就是美国这一战略性错误的“收获”。

（2）违背诺言，奉行北约“双扩”政策。

苏联解体和华沙条约组织解散后，北约本已失去存在的依

据。更何况，解体后初期的俄罗斯政治上向往美国社会制度，经济上崇尚美国模式，军事上也步步收敛，同美国签订了大量削减和销毁战略核武器等条约，丝毫没有要与美国抗争的意图。相反，宁愿作一个伙伴，即使次一等也不在乎。然而，美国仍是不放心，仍是不依不饶，步步进逼，挤占俄罗斯的战略空间，执意推行北约“双扩”政策：一是北约性质的转变和职能的扩大，把成立时的“地区性遏制战略”（基本上属于“防御性质”），转变和界定为“主动干预和防御性进攻”，而且不一定要经过联合国。这实际上就是把一个防御性组织变成了进攻性和侵略性组织；管辖范围也扩大到北约以外地区。二是北约组织成员方面的东扩，吸收了一大批东欧和前苏联国家入约，把北约组织的“边界”向俄罗斯推进了700—1000公里左右。

从表面上看，十几年来，美国“战果辉煌”，似乎比较得手，但却埋下了失败的种子，失去了可以主导世界和平的战略机遇，招来的是“祸”，不是“福”。

首先，它把一个原本可以成为它合作伙伴、甚至朋友的俄罗斯推向了对立面。如果说，1998年俄罗斯发生的严重金融危机使俄罗斯在发展经济问题上对“美国模式”的幻想开始破灭的话，北约“双扩”，特别是科索沃问题则使俄罗斯在政治上对美国的幻想开始破灭，并且大大警觉起来。叶利钦执政晚期已开始意识到美国不可靠。戈尔巴乔夫也有所反思，指责美国在北约东扩问题上背信弃义。普京—梅德韦杰夫正在走俄罗斯自己的路，恢复大国地位，挑战美国的权威和诚信。

第二，在科索沃问题上，暴露了自己的虚弱性——美国为首的北约，以比当年“八国联军”侵华还要厉害千百倍的军事优势，对一个小小的南斯拉夫狂轰滥炸了两三个月，也未能使之真正屈服，最后还是要回到联合国安理会。照此下去，美国如何能实现

它独霸世界的野心？一个科索沃已把它搞得如此狼狈，现在再加上伊拉克和阿富汗战争，以及美国紧紧盯着的伊朗和朝鲜核问题，它“十个指头按十个跳蚤”，能按得过来吗？

（3）在亚太地区推行“西进”政策，炮制了“日美防卫合作新指针”，计划搞“战区导弹防御体系”（TMD）。

这个“新指针”同原来的大不一样。

第一，这个“防卫合作新指针”的范围已扩大到“周边地区”。这实际上是冲着中国来的（当然，也包括朝鲜半岛和俄罗斯等周边国家）。

第二，“新指针”相关法案中关于“周边事态”也有一个解释。日本外相高村1999年2月在日本众院外委会上明确表示，“周边事态”范围不仅包括日本周边的海域，也包括其他国家发生的内战和政变等引起的“事态”。这实际上改变了日美防卫的性质，使之“北约化”，具有主动干预性和进攻性。

关于TMD，与其说它是为了“防卫”，不如说是为了“进攻”，是一种对周边国家的“威慑”。它的挑衅性和危害性是很大的。不仅如此，美日新保守主义理想家们的战略安排上，还有把韩国和中国台湾也纳入这一计划的图谋。这就不可避免地让这一地区的国家，特别是中国感到不安。

冷战结束后，美国尽管国力最为强大，但它的战略性错误和政策注定了它不可能成为世界和平的缔造者，相反，却成了“天下还很不太平”的主要根源。

四、“9·11”事件和布什主义

冷战后，相对于人民要求和平、安全与发展的主旋律（主流），如果说新霸权主义是一股逆流，“9·11”恐怖袭击事件则

是另一股逆流，打了美国一个措手不及。美国当时正好像一个实力无比强大的拳击手，他一向傲视天下，在这个地球上虎步生风，没想到忽然有人“从天而降”，从背后给他狠狠一击，让他吃了一闷棍，被打晕了。

“9·11”悲惨事件后的第五天，我在日本东京参加了一次中美日“二轨会议”的工作晚餐。与会的中国和日本同事都很同情美国的遭遇。我们为死难者默哀，谴责恐怖主义的暴行，安慰美国朋友，支持共同反恐斗争。但一些日本同事私下议论说，美国人是人，日本人也是人。这次美国世贸中心和五角大楼几千无辜者惨遭杀害，我从心底里感到悲痛，同时也不禁联想起往事。这些无辜的冤魂是恐怖主义的受害者，可是在一定意义上，他们难道不也是为美国的霸权主义付出了代价吗？正好像当年长崎和广岛的悲剧，许多日本平民死于原子弹爆炸，不也是为日本的侵略付出了代价吗？还有的同事说，现在阿富汗人民也正在为本·拉登的恐怖主义罪行和塔利班的错误政策付出代价。

这是一些简单的情绪化的反应，这些事件性质不同，并没有完全的可比性。但细细想来，觉得这也可能反映了他们内心对霸权主义的不满，同时也是他们对这两股逆流之间关系的一种“解读”和领会。

“9·11”事件也提供了美国一个很好的机遇，争取和团结全世界反恐。但布什政府采取“挟天子以令诸侯”的方针，打着“反恐旗号”，推行全球扩张政策；提出“非友即敌”口号，奉行“单边主义”和“先发制人”的布什主义；扩大打击面，给伊朗、朝鲜和一系列国家扣上“邪恶轴心”、“邪恶轴心外围”和“失败国家”的帽子。结果，美国不得不付出惨重的代价，自我孤立了，指挥棒也不灵了，综合国力走上了下坡路。世界也因此而更不安宁了。

五、时代的脉搏和“美国病”

最近，国际上流传着这样一首顺口溜：

美国病了，
欧洲老了，
俄罗斯牛了，
中国和印度醒了——起来了！

当然，这并没有全面反映当前世界各个大国的现状及其相互关系，但从其“调侃”中，人们还是可以看出一些大国的处境和动向，特别是“美国病”和我们时代的脉搏。

近来美国一些知名的专家学者，包括新保守主义理想家们和新现实主义派，忧心忡忡，纷纷议论当前国际形势的变化和美国的处境，为“美国病”寻病因，探出路，出谋划策。

他们有些观点是比较接近的，那就是承认美国“一超独霸”的辉煌已是“明日黄花”，美国在全球的领导地位正在衰落，单边主义再也行不通了。但他们对产生这种局面的“病因”和治疗前景，在很多方面意见相左，甚至大相径庭。

有些人认为，“病因”主要是布什政府奉行了“扩张性甚至侵略性的全球政策”，企图“按照自己的价值观塑造世界”。还有些人认为，布什要努力实现“美国统治下的世界和平”并没有什么错误，这是美国的“历史使命”，但布什太倚重于“硬实力”，轻率发动伊拉克战争，以致造成如今这种难以收拾的局面，81%的美国民众都认为路线错了。

也有些人认为，“病因”主要是“反恐”扩大化和以“反恐”

划线（说什么“不是站在美国一边，就是站在恐怖主义一边”），把“宝”几乎全压在这方面了。结果让中俄印等潜在对手“钻了空子”，趁机发展、壮大起来，开始挑战美国的权威。结果，把好端端一个“美国一统天下的时代”，让位于美国不得不与之“分享权力的时代”。

还有些人强调，“病因”一是美国的手“伸得太长了”，顾此失彼；二是随意挥舞制裁大棒，到处树敌；三是奉行双重标准，丧失人心。结果被动挨骂，成了孤家寡人。

更有些人认为，“病因”主要是“我们生活的这个时代变了”。实际情况“并不是美国变弱了，而是其他许多实体变强了”；“与其说是美国的衰落，不如说是印度、中国、海湾国家以及其他重要力量的兴起”，这些国家的兴起，正在改变着国际力量对比。美国现行的错误政策，只不过是我们时代变迁的一种“催化剂”而已；布什总统我行我素，一意孤行，只是进一步“加速了美国影响力的衰落”。

由于对美国“病因”诊断不同，“药方”当然也很不一样。

（1）以罗伯特·卡根为代表的美国新保守主义理想家们认为，“民主政府和专制政府之间的全球竞争将成为21世纪的主要特点”，世界将再次被一场大规模的两极意识形态斗争所撕裂。鉴于中国和俄罗斯是所谓“专制制度”体系的旗手，美国应未雨绸缪，筹组“民主国家同盟”来对付它们。

（2）以美国众议院前议长纽特·金里奇为代表的新保守主义理想家们认为，当前有“五大战略威胁”正在逼近美国，其中首当其冲的是中国，其次是俄罗斯和伊斯兰“狂热势力”，以及“失败国家”对大规模杀伤性武器的图谋等。美国必须把挫败这些威胁作为国际战略和政策的出发点。

（3）以《新闻周刊》国际版主编法里德·扎卡里亚和著名学

者弗朗西斯·福山（他自称是经过反思从“新保守主义理想家们”阵营“变节”出来的）为代表的一些人认为，现在世道变了，“全球化所释放的力量正在形成一个使美国受到更多制约的世界”，“多极化体系已经出现，这正是主宰今天这个世界的现实”。美国“须有自知之明”，“最好是学着如何顺势而为，别总以为它可以阻挡潮流”。他们还认为，今天的新兴强国（主要指中国和印度）都相对温和，同历史上帝国的崛起不一样；俄罗斯也和“历史上的侵略者”没法比；伊斯兰狂热分子只是世界上13亿穆斯林中的极小部分，成不了气候。美国不应用冷战思维来观察和处理问题，夸大它们的威胁。美国“需要更有想象力的多边主义”，并让这些新兴大国成为国际规则中“利益攸关”的合作者。

（4）还有一个“巧实力战略”处方。美国国际战略研究中心发表的一份报告声称，“能通过对外战略转型，帮助美国摆脱当前困境、重振全球领导地位”。这个报告的牵头人一个是前副国务卿阿米蒂奇，一个是前国防部副部长约瑟夫·奈，是跨党派的。他们提出，美国应该采取一种“更聪明的战略”，从“硬实力”阶段和“软实力”时期，进化到“巧实力”以取胜，从而“提高美国国际行动的合法性，巩固美国的全球领导地位”。这个药方强调要处理好几对矛盾，特别是“软实力”和“硬实力”的平衡，意识形态和现实利益的平衡。目的是“修正目前走偏了的外交政策路线”，摆脱顾此失彼的被动局面，重振美国的霸主地位。这个药方给的一个“药引”是：美国要表现得“更加宽容”，要投资世界的善事，要提供他国人民和政府需要、“但没有美国的领导就无法得到的东西”。一句话，就是奉劝美国要做一个“仁慈的霸主”。

很显然，上述前两服药方是“冷战思维”的产物。如果美国政府采用，无异于饮鸩止渴，既会破坏世界和平与发展大局，给人类带来更多和更大的灾难，也将加速美国霸权地位的衰落。后面的两服药方，都有些可取之处，在一定程度和意义上，有利于缓和国际局势，也有利于改进美国在国际上的形象和地位。但遗憾的是，这两服药方都念念不忘维护美国在国际上的“领导地位”，好像这个地球没有美国领导就不能转了，天下就要大乱了。因此，只能治标，不能治本。奥巴马总统所谓的“外交新政”，目前看来，同后面这两服药方是比较一致的。

那么，当前的“美国病”究竟应该如何诊治呢？

杜鲁门总统早在1945年联合国成立时就当众告诫说，今后，不论美国多么强大，在任何情况下，都不可以为所欲为。杰斐逊总统也有遗训告诫说，不要试图将美国的价值观强加给其他国家，盲目地卷入海外事务。他强调“战争是要努力避免的最大邪恶”，它“既是对受害者的惩罚，也是对惩罚者的惩罚”。当年“冷战外交”的始作俑者之一、美国外交元老乔治·凯南生前也曾以切身的体会奉劝美国政府，“最好把对领导世界的可能性的梦想和愿望缩小一点”，“这个星球绝不会由任何一个单独的政治中心来统治”，“不论美元还是刺刀都不能保证成功”。

温故而知新。如果奥巴马总统和他的团队能重温一下美国先贤的这些遗训，他们兴许能找到更好的药方：

首先，必须看清，我们时代的变迁是客观事实，是不依人们意志为转移的。奥巴马可能重整美国雄风，但他改变不了时代的变迁。近二十年来，许多发展中国家的兴起正在改变着国际力量对比。它们不是要求重新划分势力范围，而是要求公平、公正和平等的伙伴关系，要求和平、发展和“合作共赢”。

第二，必须放弃“美国统治下的世界和平”这一不切实际的图谋，以及与之相伴的所谓“普世价值观”，同时坚决摒弃“冷战思维”这一味毒药，尊重发展模式多样化和国际关系民主化，采取“合作共赢”和“平等相待”的方针。

第三，发挥自己在高科技和创新等诸多领域的优势（包括在价值观方面某些可取的好东西），联合新兴国家，扶助弱小，做一个“好善乐施的强国”，共同应对恐怖主义等非传统领域的挑战，共创一个清洁与和谐的世界。果如此，在一个很长的历史时期，美国仍将是我们这个世界一流的强国，世界的和平与发展就更有希望了。反之，这个世界仍将不得安宁。

六、一批新兴大国的多种组合登上了时代变迁的舞台，牵动着国际形势的走向

近几年来，国际形势和格局深刻演变的一个重要现象是许多发展中国家的兴起，国际力量对比开始出现历史性变化，以及世界多极化趋势加速发展。

在这种情况下，发展中大国由于不同历史背景和地缘政治的影响，特别是出于提高综合国力和扩大国际影响的考虑，很自然地形成了有所不同的组合。在这方面目前比较有代表性的，一是与G8对话的五国机制（中国、印度、巴西、南非、墨西哥）；二是“金砖四国”（巴西、俄罗斯、印度和中国）；三是参加20国集团的十多个“南方国家”；四是中俄印三边合作机制；五是印度、南非和巴西三国“准联盟”。它们相互交叉，你中有我，我中有你；既有特性又有共性，虽有差异，存在着某些实际矛盾，但并不对立，也不相互排斥，大方向是一致的。

这些新兴大国的组合有着四大共同特征：第一，它们都是兴起的大国或相对大国，发展速度快，潜力大，而且不同程度上都有着可持续性；第二，它们都坚持自己的民族传统和国家特性，自主选择发展模式；第三，它们都希望和要求建立更加公平、公

正和合理的国际经济和政治秩序；第四，它们都希望和寻求和平的国际环境，主张国际关系民主化和平等化，不赞成旧有的“冷战思维”和“对抗政策”。

这些新兴大国的组合，除印度、南非和巴西三国“准联盟”外，中国都身临其境。它们对中国都很重要，而且各有各的用处。但“金砖四国”对中国来说尤为重要。这是因为：

第一，“金砖四国”是新时期许多发展中国家兴起具有代表性的反映。四国的国土面积占世界各国领土总面积的26%，人口占全球总人口的42%。它们的发展速度名列前茅，过去五六年来，对世界经济增长的贡献已接近50%；从2006年到2008年，四国的经济平均增幅为10.7%。今年世界经济估计将萎缩1.1%，但“金砖四国”平均将增加4.8%。全球外汇存底中，“金砖四国”持有近30000亿美元，达四成之多，在国际金融领域举足轻重。

第二，“金砖四国”社会制度不同，意识形态各异，但战略性联合自强趋势已日渐显露。“金砖四国”领导人2009年7月首次在叶卡捷琳堡单独聚会，会后发表的16点联合声明几乎涵盖了当今世界人们关心的所有紧迫问题，明确表示“金砖四国”的战略目标是要寻求“建立一个更加民主和公正的多极世界，致力于推动多边外交，支持联合国的中心地位和作用”。

第三，“金砖四国”客观上是中俄印战略合作机制的某种“延伸”（只是多了一个巴西，相当于3+1），比较有利于运作，有利于应对美日欧冷战思维的干扰，有利于推动五国机制同八国集团对话（五国合作机制“金砖四国”占3席，俄罗斯属八国集团，具有“双重身份”，也有好处）。

总之，发展中大国兴起的道路虽然“路漫漫其修远兮”，可能还会有曲折，但它们推动时代变迁的发展方向是不可逆转的。法国前总统密特朗说：（现在）东方在增长，西方在衰退；西方充满担忧，东方满怀希望。这席话显然是面对现实，有感而发。世界银行行长佐利克不久前也说，富国俱乐部（G7）已不起作用了（not working），必须把中国、印度、巴西、墨西哥、南非和俄罗斯这类国家包括进来灵活组合运作才行。这也决非偶然。

七、时代的变迁和新中国外交

在谈新中国外交时，有两点我们必须牢记：一是我们需要有历史唯物主义观点；二是有些问题尚有争议，不忙过早去下结论。

我是新中国外交的同龄人。新中国外交六十年来基本上是沿着这样一条线走过来的：从"一边倒"到"反帝反殖"、"反对帝修反"、"反两霸侧重打击苏联"（所谓"一条线"）、反对霸权主义和强权政治，维护世界和平。贯穿始终的是"独立自主的和平外交"，战略目标是争取和平的国际环境，20世纪后半叶要的是"和平共处五项原则"，21世纪初，升华了，战略目标是"和谐共处"与"合作共赢"。

关于"一边倒"和"一条线"的方针政策，如果脱离历史来看，可能是不合适的；如果从历史唯物主义观点观察，可能还是有道理或者有一定道理的。关于反对修正主义，我个人认为还可以作为课题研究探讨。至于反对各国反动派，应该说有一定道理，因为当时美国确实纠结了一些国家的右派反华，问题是分寸和尺度掌握的如何。

六十年来，新中国外交有很多理念是可圈可点的，至今仍具有强大的生命力，为全世界所称颂。如20世纪50年代提出的"和平共处五项原则"以及"求同存异"政策；60年代在边界问题上"互谅互让"方针以及"退避三舍，先礼后兵"政策；80年代至90年代在有关岛屿争端问题上，提出"搁置争议，共同开发"主张；在同敌对势力斗争方面，遵循“有礼、有利、有节”原则；在维护国家主权和领土完整方面，坚持“绝不吞下这颗（敌对势力给的）苦果”的立场，不怕鬼，不信邪，等等。

我这里要谈的主要是中国新一代领导人提出的“构建和谐世界”理念和中国外交。

1.“构建和谐世界”理念具有鲜明的时代性和针对性

胡锦涛主席2006年9月在联合国成立60周年首脑会议上提出了“建设和谐世界”的倡议。次年7月16日，在俄罗斯圣彼得堡发展中国家领导人集体会晤时，他又高屋建瓴，提出要“努力建设一个持久和平、共同繁荣的和谐世界”，并指出，这是人类“崇高目标”，“符合世界各国人民的共同福祉”；为了实现这一伟大理想，应该倡导“互尊互鉴”和“开放包容精神”。这是中国独立自主和平外交路线在新形势下的适时反映，具有鲜明的时代性和针对性。

冷战结束后，我们生活的这个世界，存在着实现和谐的普遍需要和一定的客观条件，出现了历史性的新机遇。但残酷的现实令人不安和失望。“建设和谐世界”的理念，正是在这种情况下应运而生。这是中国新一代领导人最新的外交实践，也是历史的总结和对世界前景的展望和追求，并不是像某些人说的那样，出于“浪漫情怀”，是“乌托邦”；更不是像某些人说的那样，目的在于对付某某国家。

上述对历史的回顾表明，20世纪我们生存的这个大好世界被搞得乱糟糟的。两极格局和冷战结束后，世界人民渴望和平、安宁和发展，期盼国际关系民主化和发展模式多样化，但冷战思维并未随冷战结束而消失；霸权主义也没有因为另一个霸权国家的解体而随之退出历史舞台；军火商唯恐天下不乱。“文明冲突论”、“人权高于主权”、“新干涉主义”、“单极稳定论”以及“中国威胁论”等一系列谬论也风起云涌，形成一股时隐时现、不断涌动的逆流。正因为如此，1993年邓小平同志提出“把一个什么样的世界带到21世纪”的问题，说“这是我们这一代领导人必须认真探索和解决的重大问题”，历史注定我们要承担这样的责任。此前，他还多次指出，“和平与发展是当今时代的两大主题”。他说的是“时代主题”，不是“时代主流”。“主流”是占主导和统治地位的；“主题”是待解决、需要争取解决的，是新千年面临的历史使命。

纵观当今时代，人类进入21世纪之初，便发生了“9·11”恐怖袭击事件，以及随之而来的阿富汗和伊拉克两场战争，恐怖主义全球化的趋势也在发展。实践表明，这个世界仍很不太平，并不和谐。胡锦涛主席提出“构建和谐世界”的理念和战略，正是回答邓小平同志提出的问题，回应我们时代的呼唤，是21世纪一面新的旗帜，有着很强的针对性，客观上有利于争取和调动国际上一切积极因素，应对时代各种不同的逆流与不和谐，为实现世界持久和平与共同繁荣而奋斗。

2. 适时的继承和发展

五十多年前，当周恩来同尼赫鲁和吴努提出“和平共处五项原则”时，那也是一面鲜明的旗帜。那是一个民族独立和解放运动、反对帝国主义和殖民主义风起云涌的时代。一方面社会主义在全球方兴未艾，另一方面冷战已拉开序幕，对立的军事集团迅速形成。

“和平共处五项原则”也有很强的针对性，是那个时代的需要，具有强大的生命力和凝聚力，对维护国家主权和民族独立、反对干涉内政；对维护世界和平、反对战争；对推动不结盟运动、促进平等互利合作等很多方面，都发挥了历史性作用，至今仍具有不可忽视的现实意义。

“构建和谐世界”的核心是“和谐共处”。“和谐共处”相对于“和平共处”，是“更上一层楼”了。它是“和平共处”的继承和发展。不论是现在还是将来，“和平共处”都仍是构建和谐世界的基石。

但时代不同了。时代的主题赋予“和谐共处”更多新的内涵。这主要是因为：

第一，经济全球化的迅速发展和世界各国相互依存度的加深。第二，高科技跳跃式的发展和影响，国际力量对比不断变化，速度惊人。第三，非传统安全，特别是恐怖主义威胁的国际化趋势。第四，人民大众、特别是“过渡国家”对和平与发展的强烈渴望和追求。第五，世界多极化的发展趋势及其全球性的影响。

内涵有了新的因素，更丰富了，自然也就要提出更高的要求。“构建和谐世界”，不仅要求维护和平，实现“和平共处”，而且要超越和平，促进和睦、合作和共同繁荣，实现“和谐共处”。

3. 潜心的探索和追求，知难而上

人类历史上有过各种各样美好的理想或主观愿望，诸如“天下为公”，“世界大同”，“美国统治下的世界和平”，等等。但是，俱往矣，谱壮丽诗篇，还看今朝。

“构建和谐世界”，并非权宜之计或功利主义，也不是一种让人可以“立地成佛”的主张。它绝不是一两代人可以完成的，它需要世世代代的潜心探索和艰苦奋斗，其间充满着不以人们意志为转移的矛盾和斗争。就当前和可以预见的未来而言，为了推动“构建和谐世界”，我们首先需要坚持和强调的是：

世界各主要大国，特别是联合国安理会常任理事国，都要做“负责任的大国”，带头并共同遵守《联合国宪章》精神和公认的国际关系准则。在实践中，还要彼此相互负责，不能只要求别人对自己负责，而自己却可以不对别人负责。在重大国际安全问题上，必须联合国安理会说了算，而不能由一两个国家独断专行。这一点对于"构建和谐世界"，可以说是关键和灵魂。这方面的问题解决好了，一般来说，其他问题如果不是可以迎刃而解，至少是比较好解决了。这样说，并不是主张大国共管世界，而是强调大国有不可推卸的责任和义务，需要带头。

但仅仅这样还远远不够。与此同时，我们还要强调：

第一，共同遵守"和平共处五项原则"，大小国家一律平等。国际关系不应以意识形态或国家制度划线，也不能以贫富差异或政策不同划线。

第二，努力促进国际关系民主化，以及国际社会的公平与公正，提倡平等的伙伴关系，放弃过时的"主从关系"，不随意强加于人。

第三，尊重发展模式多样化，承认各国有权选择自己的发展道路，相互借鉴和取长补短，反对唯我独尊和一个模式盖天下。

第四，推动经贸关系互利化，寻求共同发展。不要把自己的利益建立在损害他国利益的基础上。发达国家的繁荣，不可能长期建立在不发达国家贫穷的基础上。发展中国家也要争气，要不断努力完善自己；发达国家更要帮助它们，为它们提供方便。在贸易和投资方面，不应有双重标准。

第五，提倡文化关系包容化，相互尊重和学习。世界各国有着不同的文化和历史传统。不能用一种价值观来统领一切。价值观既有共性，也有特性（个性）。我们应接受共性，并用自己的特性去丰富它；也要承认和尊重特性（个性），并在自愿的基础上，用共性去丰富和发展它。

以上这些方面，看来似乎只是美好的理想，很难实现。但这毕竟是时代的呼唤和需要，是世界人民的渴望。从人类发展的前景考虑，中国新一代领导人“知难而上”。

人类生活在一个多样化的世界，一个色彩缤纷的世界。“一枝独秀”固然值得羡慕和骄傲，但“孤芳自赏”毕竟不讨人喜欢。一枝花或几枝花，也许有点春意，但毕竟不是完美的春天。人类社会需要的，是“万物并育而不相害，道并行而不相悖”，是一个万紫千红和阳光绚烂的春天，一个自由、和谐的春天。

（2009年7月9日）